SOMBRA DO TEU CÃO

Jean Allouch

SOMBRA DO TEU CÃO

Discurso psicanalítico, discurso lésbico

Tradução
Procópio Abreu

Editor
José Nazar

Companhia de Freud
editora

Título Original
Ombre de ton chien

Direitos de edição em língua portuguesa adquiridos pela
EDITORA CAMPO MATÊMICO
Proibida a reprodução total ou parcial

Capa
Lucien Favard

Editoração Eletrônica
Victoria Rabello

Tradução
Procopio Abreu

Revisão
Sandra Regina Felgueiras

Editor Responsável
José Nazar

Rio de Janeiro, 2005

FICHA CATALOGRÁFICA

A438s

Allouch, Jean

Sombra do teu cão : discurso psicanalítico, discurso lésbico / Jean Allouch; tradução: Procópio Abreu ; editor: José Nazar. – Rio de Janeiro: Companhia de Freud, 2005.

98p.; 23cm.

ISBN 85-7724-003-7

1. Freud, Sigmund, 1856-1939. 2. Lacan, Jacques, 1901-1981. 3. Lesbianismo. 4. Sexo (Psicologia). I. Nazar, José. II. Título.

CDD-150.195

Companhia de Freud
editora

Endereço para Correspondência
Rua Barão de Sertório, 57 – 6º andar
Tel.: (21) 2293-7166
Rio Comprido – Rio de Janeiro
Cep 20.261-050
e-mail: ciadefreud@ism.com.br

Índice

O próprio erro engendra a sua refutação, pois
é possível constatá-lo e dele se libertar.

Georges CANGUILHEM
Études d'histoire de la philosophie des sciences

Seria preciso, como enuncia Freud, procurar ver em que está fundado esse algo que só funciona na usura de que é suposta a verdade.
Seria preciso ver abrir-se à dimensão da verdade como variável, isto é, daquilo que, ao condensar assim as duas palavras, eu chamarei a varidade com um ezinho engolido, a variedade.

JACQUES LACAN
Seminário "L'insu que sait de l'Une-bévu
e s'aile à mourre"

Prefácio

Eis então Lacan, corretor de Freud, ele próprio retificado. Não está aí, senão a prova, pelo menos um sério indício de que a psicanálise não é uma hermenêutica?

As duas *correções* que compõem o corpo deste opúsculo não têm o mesmo estatuto epistemológico. A primeira (repetida), infligida a Freud por Lacan, deve-se à invenção do ternário simbólico imaginário real, depois àquela do objeto pequeno *a*, mediante o que Lacan pode, por duas vezes e de maneira aliás sensivelmente diferente, visitar de novo o caso dito da "jovem homossexual", o qual se torna, em sua análise, "o caso de Freud". A segunda, em que Lacan se encontra na postura cômica do regador regado, apóia-se no livro de Ines Rieder e Diana Voigt, *Sidonie Csillag, homossexual em Freud, lésbica no século*, recentemente publicado. Acreditando estar às voltas com um caso de Freud, Lacan não terá visto que Sidonie Csillag era um mestre, cujo ensino foi tão seriamente intenso quanto o de Freud e o dele. Por isso não terá notado que ali se deixa ouvir uma voz de seu mestre, ensinando uma figura do amor pouco estudada: o amor cão.

Que fique aqui o meu agradecimento àqueles – numerosos – que me forneceram uma pista sobre a ternura da cachorrada amorosa.

Correção I

É também o momento em que Freud pensa em confiar a alguém que não Jung, e vai ser à sua filha Anna, o futuro do que é dali por diante – e mais do que nunca em razão desse domínio da família sobre o "movimento" – um estabelecimento freudiano. Mas essa preocupação dele também deve ser entendida num sentido mais radical, não como preocupação com suas infelicidades, pequenas ou maiores, físicas e outras, mas como preocupação com o que ele é como figura paterna, da mesma maneira que tratamos cuidadosamente de um precioso vaso de porcelana.

Freud não desconhece radicalmente sua responsabilidade nesse *ménage à trois* (Anna, Lou e ele). Numa passagem censurada de sua correspondência com Lou, ele fala de sua inquietude com a imaturidade de Anna, mas também (o que ele crê ser) de sua responsabilidade na inibição de que ela sofre em relação aos homens[9]. O que não impede suas manipulações, uma vez que essa confissão já faz parte disso. Outro exemplo: as duas mulheres são admitidas no mesmo dia como membros da Sociedade Vienense de Psicanálise. Ora, para isso foi preciso abrir uma exceção à regra (Lou estava fisicamente ausente), o que mostra que o grupo analítico também era solicitado na instalação semipública dessa ligação feminina, logo, interrogado se a aprovava. O que, aliás, Eitington fez sem reclamar, por exemplo hospedando os três, Sigmund, Anna e Lou, no mesmo hotel, durante o congresso de Berlim em setembro de 1922[10]. Se hoje existem dois campos efetivamente distintos, o campo freudiano e o campo *gay* e lésbico[11], ainda é preciso notar que, ao colocar uma lésbica à frente da IPA, Freud escolhia mais o segundo do que o primeiro, e isto lança uma nova luz sobre a erótica da controvérsia Anna Freud/Melanie Klein.

"Lou", escreve seu biógrafo Michaud, "compreende que a questão não se coloca mais [depois que o câncer de Freud se declarou]: o lugar de Anna é mais do que nunca junto a seu pai[12]". Michaud ainda escreve que

9 S. Michaud, *Lou Andreas-Salomé, op. cit.*, p. 276.

10 S. Michaud, *Lou Andreas-Salomé, op. cit.*, p. 277.

11 *Cf.*, J. Allouch, *Le Sexe du maître, L'érotisme d'après Lacan* (Paris, Exils, 2001), em que é mostrado que o traço distintivo desses dois campos não é tanto a erotologia (ao contrário, amplamente comum) quanto o sintoma.

12 S. Michaud, *Lou Andreas-Salomé, op. cit.*, p. 278.

> Por mais que Lou seja um guia em quem Anna tem toda confiança, e junto à qual [sic!] ela se expande por cartas sem censura alguma, Freud tem a última palavra[13].

Aliás, ele retoma sua filha em análise. Lou confirma essa decisão, garantindo a Anna que o fruto dessa análise só pode ser um amor maior de Anna por seu pai (estamos aqui nos antípodas de um Lacan indicando que uma psicanálise se inicia realmente com a transferência negativa). Sairíamos do assunto se considerássemos que essa captura da análise no amor, num amor colocado *a priori* como não questionável pela análise, diz respeito apenas à filha de Freud. Ela mesma escreve a Eva Rosenfeld, que se prepara para empreender sua análise com o pai de sua amiga, algo da mesma ordem:

> Sabe, não há contradição alguma no fato de que você faça uma análise ali onde você preferiria apenas amar. Fiz do mesmo modo e, talvez por essa razão, as duas coisas se tornaram para mim inextricavelmente ligadas. No fim, você perceberá isso: é a única maneira de entrar em análise. Por enquanto, você está perturbada pelo sentimento de que ali onde você ama você gostaria particularmente de ser [uma] boa [pessoa]. Você verá que ser boa e estar em análise dão finalmente no mesmo[14].

Com bastante pertinência, Lou diz que esse amor é "alado", nada designando assim senão esse amor que Platão descreve no *Fedra* – e vemos aqui a estreita solidariedade entre essa prática da análise e as declarações teóricas tardias, e a nosso ver regressivas, de Freud segundo as quais a psicanálise redescobre o amor tal como dele falava "o divino Platão". As ligações dessa parte familiar (Lou está integrada, ela dorme, em Viena, na casa dos Freud) com os avanços ditos teóricos são, de fato, estreitos. A descoberta de um estádio fálico na menina nada mais seria que a resposta, em sua análise, da pastora Anna ao pastor Freud[15]. Freud conta a Lou como está mal a

---

13 *Ibid.*, p. 280. O biógrafo, cuja pena no entanto nunca é vacilante, também está manifestamente envolvido nessa homossexualidade, a ponto de negligenciar sua gramática.

14 A. Freud, *Lettres à Eva Rosenfeld*, *op. cit.*, p. 144.

15 S. Michaud, *Lou Andreas-Salomé*, *op. cit.*, p. 282. Michaud cita um artigo de Gérard Bonnet: "Voir être vue. La part du père dans l'accès de la fille à la féminité", in J. Schaeffer, M. Cournut-Janin, S. Faure-Pragier, F. Guignard, *Clés pour le féminin, Femme, mère, amante et fille*, Paris, PUF, 1999.

libido de Anna; ele lê a Anna as respostas de Lou, mas guarda, na oportunidade, certas cartas para ele – o que assinala a manipulação.

Estamos aparentemente bem longe de um certo lesbianismo atual supostamente capaz de contestar o falocentrismo, a família, o Nome-do-Pai e *tutti quanti*. Nada, aliás, nos autoriza a generalizar essa configuração, a afirmar que o lesbianismo atual (mas é possível falar disso no singular?) está, da mesma forma, centrado no pai. Ainda que o interesse recentemente manifestado desse lado pelo "pau" de Lacan (é assim que se conversa) deixe aberta a questão.

Em compensação, é importante ter isto em mente para entender como vai mudar bruscamente de direção essa análise da "jovem homossexual", que se inicia na seguinte base: um pai que, ao contrário de Freud, sofre em sua reputação as conseqüências da homossexualidade de sua filha, ou que, pelo menos, declara sofrê-las e se comporta como se isso fosse verdade. Freud, este, terá conseguido não sofrer demais essas conseqüências (embora ainda não se saiba bem hoje como seus alunos diversamente reagiram à homossexualidade de Anna), e esse traço – digamos, sua "empatia" – vale como uma boa abordagem de sua perversidade.

Esse pai pede, pois, a Freud para (lhe?) trazer de volta a filha à norma heterossexual[16], objetivo do tratamento que Freud teria aceito aparentemente sem pestanejar muito (ainda que, escrevendo depois seu artigo, ele comunique suas reservas quanto ao resultado efetivo). Instaura-se, então, uma curiosa contradança entre esse pai e Freud, ambos confrontados com a homossexualidade de uma filha. Ao passo que Freud admite, até mesmo encoraja essa homossexualidade, o pai que o consulta a deplora. Cada um dá prioridade a um elemento diferente do problema e cada um sacrifica um dado diferente: Freud, é verdade que discretamente, sacrificará sua má reputação e embolsará os benefícios que cabem ao pai (seu amor garantido); ao inverso, o pai que o consulta escolhe (pelo menos é essa a sua demanda) sacrificar esses benefícios (aqueles que lhe podem ser supostos na proble-

---

[16] "[...] os pais se voltaram para o médico e lhe confiaram a tarefa de trazer de volta a filha para a norma" (S. Freud, art. citado, p. 247). Alguns, hoje, seriam mais discretos em formular tal demanda.

mática freudiana da homossexualidade feminina) de modo a defender a sua reputação. Há, pois, duas questões, também simétricas, que Freud não coloca: ele não se pergunta que benefício (apesar de suas queixas manifestas) esse pai que o consulta poderia tirar da homossexualidade de sua filha; e tampouco se tem razão, ele, de sacrificar sua reputação nem a que preço esse sacrifício será pago e por quem.

Pode-se, daí, apreender melhor o que Freud concebia como sendo a paternidade. Pode-se fazê-lo a partir do traço comum à posição no entanto diferente desses dois pais, um consultando, o outro consultado. Esse traço pode ser dito assim: *no pai* (quando se trata do pai), *a demanda, a dele, vale lei.* Trata-se de uma definição suscetível de ser confirmada ou recusada. *O pai é aquele em quem a demanda vale lei.* Tal posição só pode ser de exceção. A paternidade seria esse lugar *único* de anulação do afastamento, da diferença, da distância entre a demanda e o desejo. Com efeito, *Freud aprova a demanda desse pai exatamente como se recusa a colocar em questão sua própria demanda* (a Anna, a Lou e a alguns outros). Nos dois casos, a demanda do pai deve ter a primeira e a última palavra. Pode-se perceber por aí como, por trás da figura do pai, a do mestre mostra a ponta de seu nariz.

Essa chave dá conta de um certo número de coisas, a começar pelo famoso escândalo do pai sedutor, que só é um pai escandaloso porque aparece então como pedindo *outra coisa*, como comprometido, em razão de suas manobras sedutoras, nos circuitos da demanda. Ora, ele não o pode, enquanto pai. Enquanto pai, sua demanda está bloqueada, congelada, fixada; ela só pode desdobrar-se, insistir, repetir sem descanso, ela não pode de modo algum virar, transmutar-se (no sentido químico), formular-se como demanda de outra coisa, e, logo, como outra demanda. Assim, o escândalo não se deve tanto ao fato de que o pai sedutor seduza, nem tanto ao mal que ele faz à criança ao erotizá-la, supõe-se; o escândalo se deve ao fato de que, ao seduzir, ele se destitui como pai, de que ele renuncia à sua *père-version* (embora seja dito "perverso", o que, portanto, se afigura um contra-senso completo). Em outras palavras: *o pai sedutor não existe*. Ou ainda: *não há pai sedutor*. Um "pai sedutor" ek-siste como pai, mantém-se fora de si, fora de seu si paterno. O escândalo, e talvez o traumatismo da pretensa sedução pelo pai, se estenografa, portanto, na equação, também bem simples: *pai sedutor = não há mais pai.*

Isto também explica por que Freud não pôde questionar a demanda desse pai da jovem homossexual, o que, no entanto, teria sido lógico, já que a demanda de análise vinha dele, já que era ele, e não a filha, quem a formulava. É que questioná-la teria, *ipso facto*, destituído o pai como pai. Um pai, no judaísmo e no cristianismo, é sempre *o* pai (o que a distinção "lacaniana", por certo tempo promovida, *dos* pais simbólico, imaginário e real negligenciava). Um pai não tem *alter ego*[17], traço por onde o pai se diferencia de um homem; não é um homem, pois um homem está bem às voltas, como homem, com *alter egos*. Ao se separar de seu amigo Fliess, Freud não só havia renunciado a seu *alter ego* por excelência, mas renunciado, ao mesmo tempo, à amizade, expulsando para sempre a possibilidade de ter algum *alter ego*. Ele tampouco podia, portanto, posicionar-se como um *alter ego* desse pai que lhe pedia sua ajuda. Finalmente, ao não questionar sua demanda, ele de cara imputava a esse pai sua própria versão da paternidade. Só que eles continuavam a ser dois a encarnar essa versão, o que não era possível, e isto, vamos ver, vai afigurar-se determinante em sua condução dessa cura – ou não-cura.

Como Lacan encara essa psicanálise da "jovem homossexual" no seminário *A angústia*?

II. Limites da análise com Freud

A jovem homossexual está em questão nos dias 16 e 23 de janeiro de 1963, ou seja, imediatamente após a invenção do objeto pequeno *a* em 9 de janeiro de 1963[18]. A interrogação teórica está em plena efervescência, pois resulta dessa invenção que Lacan deva visitar de novo cada um dos problemas repertoriados no campo freudiano.

O primeiro problema tratado um pouco longamente depois que Lacan ressaltou o objeto pequeno *a* como uma pura letra é o do ato sexual. Vem

---

17 E tampouco esse *alter ego* que seu próprio pai seria, situação que Pierre Bergounioux, em *L'Orphelin*, mostrou perfeitamente como era revelada pelas duas Guerras Mundiais.

18 Para a sustentação dessa afirmação ver J. Allouch, *La Psychanalyse, une érotologie de passage*, *op. cit.*

em segundo a transferência, que, desde esse 9 de janeiro, é objeto de uma observação discretamente retificadora em relação às propostas e posições do seminário *A transferência*... Convém citar aqui essa observação por causa do seguinte fato: *o caso da jovem homossexual é o eleito por Lacan para dizer qual nova concepção da transferência resulta da invenção do objeto pequeno* a. Ele não escolhe Dora, como se podia esperar, conhecendo-se suas publicações anteriores[19]; não, ele escolhe a jovem homossexual. A nosso encargo dizer por quê. Pois não podemos nos contentar com a resposta que o próprio Lacan propunha como conclusão da sessão de 16 de janeiro de 1963, ainda que essa resposta nos pareça exata, a saber, que esse caso é especialmente suscetível de lhe permitir fazer valer a função do objeto pequeno *a* na transferência e mostrar assim como a análise pode ser levada para além do "complexo de castração" recebido como um intransponível obstáculo. Com efeito, a questão não é designar um puro além, ou a simples possibilidade de tal além, mas marcar, com alguma precisão, de que é feito esse além e em que condições, na análise, se poderia chegar a ele.

Como para "o homem dos miolos frescos[20]", a casuística está presa ao avanço da teoria, isto é, às quedas de braço teóricas em curso e, logo, à implantação, por Lacan, de uma política da teoria.

Lacan, portanto, logo após o histórico 9 de janeiro de 1963, toma suas distâncias de seu seminário *A transferência*... Assim:

> Eu lá disse muitas coisas, certamente sob uma forma que era a mais apropriada [*sic*! Nunca somos tão bem servidos..., etc*], isto é, sob uma forma parcialmente velada.

Depois, após ter ironizado o trabalho de Daniel Lagache "Necessidade de repetição, repetição da necessidade" (o que preenche a função retórica

[19] J. Lacan, "Intervention sur le transfert" (1951), in *Écrits*, Paris, Le Seuil, 1966 (curiosamente, esse texto desaparece da versão livro de bolso dos *Escritos*).

[20] Poderemos ler a esse respeito minha discussão com Jorge Baños Orellana, em sua obra *L'Écritoire de Lacan*, Paris, EPEL, 2002, traduzida por Annick Allaigre-Duny.

* ... quanto por nós mesmos (continuação do provérbio provavelmente em jogo aqui; o provérbio se refere a ser servido, por exemplo, numa refeição). (NT)

de mascarar parcialmente que o passo que ele vai dar não consiste somente em se distinguir de Lagache, mas também de seu próprio seminário), ele prossegue:

> [...] a referência à transferência, a limitá-la unicamente aos efeitos de repetição, aos efeitos de reprodução, é algo que mereceria ser inteiramente desenvolvido, e a dimensão sincrônica arrisca – de tanto insistir no elemento histórico, no elemento repetição do vivido –, arrisca, em todo caso, arrisca deixar de lado toda uma dimensão não menos importante, que é precisamente o que pode aparecer, o que está incluso, latente, na posição do analista, pelo que jaz no espaço que o determina, a função do objeto parcial[21].

A transcrição da Associação Freudiana corrigiu (sem assinalar) a estenotipia:

> [...] pelo que jaz no espaço *que ele* determina, a função do objeto parcial.

Creio que se trata de um erro que assinala uma certa posição na análise, a qual corresponde a reduzir o analista ao estatuto de mestre[22]. Pois não é o analista quem "determina" o espaço analítico onde "jaz" o objeto parcial. É, antes, porque esse objeto "jaz" nesse espaço (uma página mais adiante, Lacan vai falar da análise como um "espaço ou campo do objeto parcial") que esse objeto poderá ser dito "incluído, latente na posição do analista".

Há, notemos aqui, uma questão relativa ao *espaço* analítico, ao ponto de essas duas palavras terem servido de título para uma obra (assinada por Serge Viderman, publicada em 1970) que teve uma certa repercussão. Essa questão está muito presente em Lacan, o que em nada contradiz seu posi-

---

21 J. Lacan, seminário *L'Angoisse*, sessão de 9 de janeiro de 1963, estenografia, p. 21, transcrição AF (Association freudienne), p. 92.

22 Confirmação: bem recentemente, um autor desse grupo chega a escrever, num dicionário de psicanálise, que Lacan, em sua lista dos objetos pequeno *a*, teria incluído, dou um doce a quem adivinhar..., "o pulso"! Não lendo esses dicionários cujo caráter inoportuno, tratando-se de Lacan, está aqui confirmado, devo essa observação ao último número publicado na revista *Ornicar?* (Herbert Wachsberger, "Mélanges critiques", *Ornicar?*, nº 51, Paris, Navarin, 2004, p. 369).

cionamento da análise enquanto erotologia, como já mostra o fato de que, querendo situar a obra de Sade, uma de suas leitoras mais pertinentes, Annie Le Brun, escreverá que Sade não inventou uma filosofia, nem um discurso, nem uma escrita, e sim um *espaço*[23].

As coisas mais importantes formuladas por Lacan costumam caber numa palavra, uma palavra que, de regra, salta nos resumos e outros manuais lacanianos. Aqui, só podemos ficar surpresos com o "jaz". O objeto parcial seria, no espaço analítico, algo como um jacente. O que confirma o que vem imediatamente depois, retomado do seminário *A transferência...*, a metáfora (alquimista?) da mão que se estende em direção à fogueira: no momento de alcançá-la, essa fogueira se inflama, e nela aparece outra mão, estendida na direção da primeira. A imagem é, falando a verdade, a mais clássica possível.

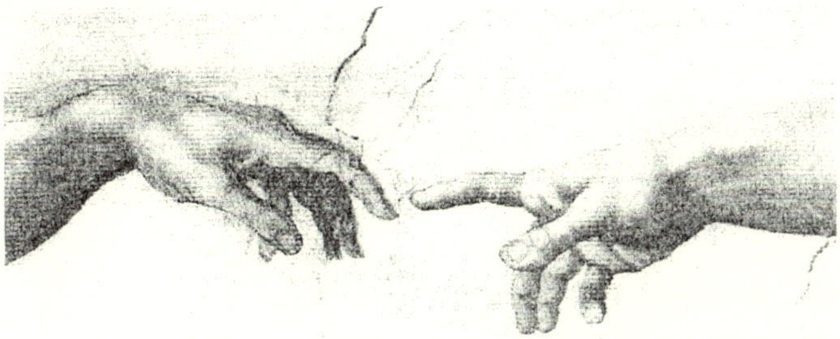

Miguelângelo, *A criação*, detalhe (Capela Sixtina, teto)

Essas observações poderiam parecer nos afastar da "jovem homossexual"; estamos, ao contrário, no próprio gume do que vai estar em questão com ela segundo Lacan, só que esse gume aí constitui exatamente o avesso. Com efeito, Lacan vai logo opor dois acontecimentos: por um lado, essa mão que surge da fogueira e se estende, por outro lado o "deixar cair*" da jovem homossexual.

---

[23] Annie Le Brun, *Les Châteaux de la subversion* [1982], Paris, Gallimard, coll. "Folio essais", 1986, p. 57.

* *Laisser tomber*, que, em francês, tem também o sentido de *deixar escapar, abandonar alguém, deixar para lá*. (NT)

A metáfora da fogueira diz, ainda de outra maneira que com a alusão ao objeto parcial jacente, qual seria o estatuto desse objeto parcial no espaço analítico. Algo como uma brasa não inteiramente apagada e suscetível de se inflamar se forem reunidas certas condições. Prolonguemos um pouco essa metáfora. O que acontece quando uma brasa não inteiramente apagada se inflama? Ela se consome, ela inflama, eventualmente, outras brasas (apagadas ou não) e, sobretudo, ela perde seu estatuto de fogo em potencial; finalmente, ela não ocupará mais seu lugar, não estará mais presente, já que o fogo – digamos assim – a terá transformado de jacente em cinzas. E vemos que o espaço onde isto ocorre é o do "entre-duas-mortes".

Lacan pode agora dizer os limites da análise tal como a praticava Freud; ele pode dizer qual foi a "mola propulsora" de um certo "fracasso" de Freud.

Freud

> [...] permanecia, para seu analisado, a sede, o lugar desse objeto parcial[24].

III. Onde Lacan volta à passagem ao ato da jovem homossexual

Lacan não poderá se contentar em formular uma coisa tão enorme, no contexto de tensão política já evocado, sem, igualmente, mostrá-lo. Ele vai, portanto, desde a sessão seguinte, revisitar o caso da jovem homossexual com essa preocupação de marcar em que consistiu o fracasso e, portanto, o limite de Freud. O que vai conduzi-lo a situar de maneira diferente do que fizera no passado o *niederkommen*, o doravante famoso "deixar cair" da passagem ao ato, do qual ele produz um novo relato:

> A jovem em companhia de sua bem-amada [Lacan acaba de identificar sua relação com ela como amor cortês, a má reputação da dama aí acrescentando um desejo de salvá-la], nos dizem, cruza, no caminho do escritório do pai em questão, com esse pai, que lhe lança um olhar irritado. A partir daí a cena se passa muito rápido. A pessoa para quem, com certeza, essa aventura é apenas um divertimento bastante obscuro e que começa manifesta-

[24] J. Lacan, seminário *L'Angoisse*, sessão de 9 de janeiro de 1963, estenografia p. 23, AF p. 92.

> mente a ficar cheia dele e que não deve querer opor-se ["expor-se", corrige justamente AF, com certeza um maravilhoso lapso da estenotipista] a grandes dificuldades, diz à jovem que isso já durou bastante, e que parem por ali, que ela pare de lhe enviar, como faz todos os dias, flores, flores sem conta, <de> ficar colada a seus passos, e, aí, a jovem imediatamente balança por cima de um lugar [...] um pequeno fosso no fundo do qual há trilhos para uma pequena estrada de ferro que, agora, não funciona mais, é ["de", acrescenta AF, dando "daí", o que não resolve o problema] aí que a jovem balança, *niederkommt*, deixa-se cair.
> Há várias coisas a serem ditas a respeito desse *niederkommen*; se o introduzo aqui é porque é um ato sobre o qual não basta dizer, lembrar a analogia com o sentido de *niederkommen* no parto para esgotar-lhe o sentido, esse *niederkommen* é essencial a todo súbito relacionamento do sujeito com o que ele é como pequeno *a*[25].

Lacan toma aqui suas distâncias de uma leitura anterior[26] em que ele havia situado o gesto da jovem como um "ato simbólico", assinalando o equívoco do *niederkommen*, que também quer dizer "parto", um sentido que Freud havia explicitamente colocado em jogo em sua interpretação dessa tentativa de suicídio. Segundo Freud, ela valia a um só tempo como uma "realização de punição" (*Straferfüllung*) e uma "realização de desejo" (*Wunscherfüllung*), o "de ter um filho de seu pai[27]". Em janeiro de 1963, o acento se desloca. Não se trata mais de relacionar essa passagem ao ato com uma fantasia de parto, não se trata mais tanto de seu valor que direi *expressivo* ("O que isso diz?" ou "O que isso manifesta?"); trata-se de estabelecer as coordenadas doutrinais de um *fato de estrutura*, a saber, a impossibilidade como tal de todo "súbito relacionamento do sujeito com o que ele é como pequeno *a*". Aqui, o sujeito é colocado em relação com o olhar "irritado" do pai (*dixit* Lacan, que, em 9 de janeiro de 1957, o dissera *incendiante*", o que nos remete à fogueira que esteve em questão, tendo a tradução francesa, por

---

25 J. Lacan, seminário *L'Angoisse*, sessão de 16 de janeiro de 1963, estenografia pp. 23-24, AF pp. 108-109.

26 *Id.*, seminário *La Relation d'objet*, *op. cit.*, p. 106.

27 S. Freud, art. citado, pp. 260-261.

sua vez, colocado *zornigen Blick* como: "furioso"), um olhar "lançado" pelo pai, um pouco como um obus, seguido da rejeição pela amada. Trata-se, pois, desse mesmo olhar junto ao qual o *acting-out*, a saber, a realização do amor cortês para com a dama, tinha valor de mostração.

Freud considerava que esse gesto era uma tentativa séria de suicídio (ele repete isso duas vezes). Precisemos o que o provocou, pois não vemos bem, se já o *acting-out* endereçava-se ao olhar potencialmente irritado do pai, como a passagem ao ato dele se diferencia. O *acting-out*, enquanto provocação do pai, *brincava* com seu olhar, implicava um mostrar/esconder. A jovem passeava, com sua dama, na proximidade do escritório do pai, flertava com o encontro *possível* do olhar do pai; talvez ela estivesse brincando de sentir medo do olhar do pai, um pouco como coçamos um machucado sem nunca, no entanto, ir além de um certo grau de dor nem de agravamento do machucado. Em 9 de janeiro de 1957, Lacan falava de "sua atitude de doce flerte com o perigo[28]". Ora, eis que esse encontro torna-se *real*. Não se trata mais de mostrar/esconder, mas de algo que teria efetivamente sido visto, trata-se de um instante de ver, e assinalado como tal, já que esse olhar é imediatamente qualificado de "irritado".

Um pouco como fazem os matemáticos, raciocinemos pelo absurdo. Se o pai tivesse sido um psicanalista, nessa circunstância ele não teria oferecido à filha um tal olhar, ele lhe teria apresentado, ao contrário, um olhar que não via nada, e aí as seqüências teriam sido bem diferentes. O que teria acontecido? Teria sido aberta a via para que a filha se desse conta de que esse olhar visto como irritado não era tanto o de seu pai quanto o dela, aquele que ela lançava, sem saber, para sua aventura com a dama; mediante o que a inevitável ruptura com essa dama teria tomado um aspecto bem diferente, ela teria podido (ou podido não), ela, a jovem, deixar a dama. Ao contrário, o olhar irritado do pai não teve absolutamente esse efeito: a dama será ainda mais gentil com ela após a passagem ao ato, lida por ela como uma prova de amor[29].

---

[28] J. Lacan, seminário *La Relation d'objet, op. cit.*, p. 104.

[29] "Essa tentativa de suicídio indubitavelmente séria lhe valeu ficar de cama durante um longo período, mas felizmente não lhe aconteceu nada de grave. Após sua cura, ela encontrou a situação mais de acordo com seus desejos que antes. Seus pais não ousavam

A passagem ao ato intervém como uma reação, ou melhor, como uma solução desse relacionamento, dessa confrontação direta, frontal, do *quadro* do amor (a filha cortejando sua dama) e do olhar presentificado do pai. Há necessidade absoluta, imperativa, imediata, incoercível de que cesse esse relacionamento. Podemos imaginar que a jovem poderia ter-se esvaecido. No entanto, não foi o que aconteceu, e o que vai se passar depois com esse *niederkommen* vai nos ajudar a identificar por que essa passagem ao ato teve essa forma e não a de um esvaecimento.

Lacan fala de um *fato de estrutura* no sentido de que a configuração das coisas apresenta-se subitamente de uma maneira tal que é atingido um ponto que não pode de modo algum ser mantido por muito tempo. Em seus próprios termos, trata-se da impossibilidade como tal de todo "*súbito* [sublinho] relacionamento do sujeito com o que ele é como pequeno *a*". Mas relacionamento de quê? O que quer dizer, no caso, o sujeito? Qual é ele? Onde está? Ele está na mostração, no *acting-out*. Ele está nesse quadro, *potencialmente* oferecido ao olhar do pai, da jovem com sua dama. Ele está, mais precisamente ainda, naquilo de que esse quadro é portador, a saber, do dom do falo à dama, de um falo que não é negativado, que, ao contrário, se escreve Φ, e não, como no "grafo do amurir [*amourir*][30]", $-\varphi$.

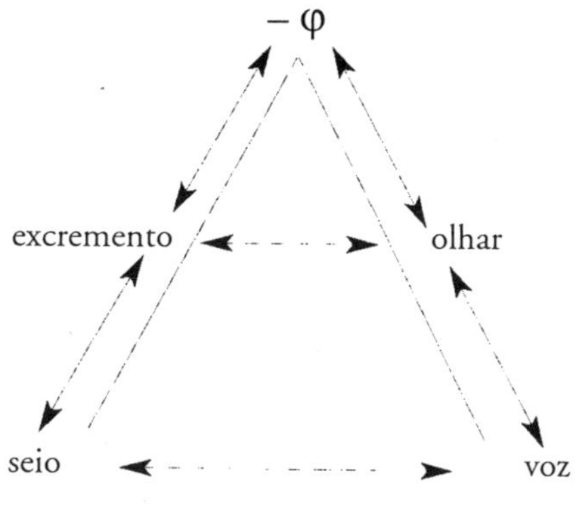

mais se opor a ela de uma maneira tão decidida e a dama, que até então havia secamente declinado suas aproximações, foi tocada por uma prova tão indiscutível de paixão séria e pôs-se a tratá-la de maneira mais amigável" (S. Freud, art. citado, pp. 246-247).

[30] Essas aspas resultam do persistente desconhecimento daquilo que Lacan no entanto chamava seu "segundo grafo".

– φ escreve o valor fálico de pequeno *a*. Já em 23 de janeiro de 1957, Lacan havia nomeado Φ "pênis simbólico". A notação – φ assinala que pequeno *a* só tem valor nesse nível libidinal (ponto culminante do grafo de amurir) negativando o falo – toda a teoria lacaniana do que se passa na (não)-relação sexual repousa nesse ponto. Aqui, ao contrário, o falo é positivado e é esse fato que torna insustentável o súbito relacionamento desse Φ com pequeno *a*, o olhar do pai.

Em outras palavras (e dito em termos que ainda não estão em uso em Lacan em 1963), se existisse uma relação sexual, nada seria mais próximo dessa relação que a cena de que é absolutamente necessário que a filha saia, que essa colocação em equivalência de pequeno *a* e de Φ. Pois esse olhar do pai *é* o quadro que ele vê, da mesma forma que o quadro apresentado *é* o olhar do pai.

IV. Quando o desejo é a lei, não dá certo

Gostamos de dizer, entre os lacanianos, que, segundo Lacan, o desejo é a lei. Isto não é falso, mas ainda é preciso entender que os dois termos não são de uma mesma ordem, que, ao contrário, é a disparidade deles que dá valor a essa fórmula e que, sobretudo, quando o desejo é a lei, é o sujeito que é enganado, que lá não se acha, que até não pode de modo algum lá se achar. É com isso que, exemplarmente, vamos estar às voltas aqui.

Alguns instantes antes de convocar o caso da jovem homossexual, em 16 de janeiro de 1963, Lacan revisita o Édipo:

> [...] eu disse (isto prendeu a atenção de meus ouvintes), eu disse, há duas aulas, que o desejo e a lei eram a mesma coisa. É por isso e nesse sentido que o desejo e a lei têm seu objeto comum. Não basta, portanto, aqui, dar a si mesmo o reconforto de que eles são, um em relação ao outro, como os dois lados da muralha, é fazer muito pouco caso da dificuldade [...].

Entendemos, há uma dificuldade ligada a esse enunciado canônico. Se desejo e lei fossem uma muralha, com seus dois lados, não haveria objeto comum, desejo e lei seriam um mesmo objeto, a saber, essa muralha. Prossigamos a citação:

> E, para ir direto ao ponto que lhes faz perceber isso, direi que não é para outra coisa que para fazê-los sentir o que vale o mito central que permitiu à psicanálise começar, que é o mito de Édipo.
> O mito do Édipo não quer dizer outra coisa, é que *na origem* [sublinho, trata-se de algo que tem uma certa temporalidade, e não da ordem da essência do desejo e da lei] o desejo, o desejo do pai e a lei são apenas uma única e mesma coisa, e que a relação da lei com o desejo é tão estreita que só a função da lei traça o caminho do desejo, que o desejo, enquanto desejo da mãe [*um equívoco, imediatamente corrigido*] pela mãe é idêntico à função da lei. É na medida em que a lei proíbe que ela impõe (desejá-la), pois, afinal, a mãe não é em si o objeto mais desejável. Se tudo se organiza em torno desse desejo da mãe, se é a partir daí que se coloca <que> a mulher que devemos preferir, pois é disso que se trata, seja outra que a mãe, o que isso quer dizer senão que um comando se impõe, se introduz na própria estrutura do desejo, que, para tudo dizer, desejamos sob comando. O que todo o mito do Édipo quer dizer senão que o desejo do pai é o que fez a lei[31]?

Desejamos sob comando, *só que* o comando em questão proíbe o acesso ao objeto, a esse objeto comum do desejo e da lei. O comando a um só tempo constitui e proíbe esse objeto. Alguns não recuariam em falar de um *double bind*, até mesmo do *double bind edipiano*. E é por isso que o assunto só pode ser temporalizado; tomado enquanto tal e localmente, ele se apresenta, pura e simplesmente, como um insustentável impasse. A identidade do desejo e da lei é a fórmula de um impasse. E com certeza nisso o Édipo (Lacan fala não de um complexo, mas de um mito) poderia ter uma função de engendramento.

Encontramos aqui nosso pai (!) definido no nível da demanda. Com efeito, o que seria o desejo do pai senão o nome dessa demanda trancada que eu dizia? Não vemos como, tomando de outra maneira, esse desejo do pai poderia funcionar como comando. Um comando, enquanto comando, não se presta a ser reformulado. Imaginemos a cena: um capitão, diante do batalhão de prontidão, berra "Dispersar" e, em vez de se executar, uma voz se levanta do batalhão para lhe responder: "Queira, capitão, formular de

---

31 J. Lacan, seminário *L'Angoisse*, sessão de 16 de janeiro de 1963, estenografia pp. 15-16, AF p. 105.

outra maneira a sua demanda". Seria toda a ordem militar que seria colocada em questão. Não haveria mais exército, como em breve não haverá mais, para a criança edipiana que deseja sua mãe sob o comando do pai, não haverá mais Édipo e, segundo a própria lógica edipiana..., não haverá mais pai.

Podemos, daí, entender as observações de Lacan quanto ao *acting-out* e à passagem ao ato da jovem homossexual. Em que consiste o *acting-out*? A filha, diz Lacan,

> vai fazer de sua castração de mulher o que faz o cavalheiro em relação à sua dama, a quem, precisamente, ele oferece o sacrifício de suas prerrogativas viris para fazer dela o suporte do que está ligado na relação de uma inversão com esse próprio sacrifício, a saber, a instalação da falta, justamente do que falta no campo do Outro, a saber, sua garantia suprema, isto, que a lei seja de fato o desejo do pai, que disso estejamos seguros, que há uma lei do pai, que há um falo absoluto[32].

Nada mais anti-édipo que essa declaração! O *acting-out* é real, o amor da filha pela dama é real no sentido de que é impossível entregar-se à lei do pai para fazer da falta a garantia do Outro. Toda essa frase oscila em torno de "isto, que", todo o *acting-out* encontra-se condensado neste "isto, que". A falta, instalada com o amor cortês da dama (a filha lhe dá Φ, o que ela não tem), *corresponde*, co-responde, à lei, ao desejo do pai. E é precisamente essa correspondência que constitui problema, que faz que a falta não possa funcionar como garantia do Outro, de que o Outro não seja barrado.

Lacan então empresta sua voz e suas palavras à jovem:

> Com certeza ressentimento e vingança são decisivos na relação dessa filha com seu pai. O ressentimento e a vingança são isso: essa lei, esse falo supremo, "eis onde o coloco. É ela quem é a minha dama e, já que não posso ser sua mulher submissa e eu, o seu objeto, sou quem sustenta, quem cria essa relação idealizada com aquilo que é em mim mesma insuficiência, o que foi rechaçado".

Essa declaração emprestada por Lacan à jovem não cola. É preciso supor um lapso de Lacan dizendo "e eu, o seu objeto" embora tivesse queri-

32 J. Lacan, seminário *L'Angoisse*, estenografia pp. 25-26, AF, pp. 109-110.

do dizer "e você, meu objeto"? A transcrição AF não propôs uma tal correção, contentando-se em retomar a frase insensata da estenotipista, o que vai em favor de um lapso.

Tudo isso, acrescenta Lacan, tem a ver com o nível do olhar do pai. A filha se vinga do pai ao levar o mais longe possível e da melhor maneira possível a realização do que Lacan vai mais tarde nomear a *père-version*. Ela a remete a ele em espelho e como que em plena cara. O *acting-out* é uma mostração, uma lição dada em ato, do gênero daquelas que gostavam de oferecer os cínicos gregos. Só que, neste caso, era essencial, necessário que a aula não fosse realmente recebida; em outras palavras, que a cena não fosse olhada pelo pai. Por quê? Porque, ao se fixar assim na *lei-desejo* do pai, a filha negligenciava a sua própria castração, estando presa na armadilha que fazia equivalentes o desejo dela e a lei do pai. Se ela efetivamente encontrar esse olhar, essa equivalência estará estabelecida. Ora, ela não pode, pois a falta como garantia do Outro encontra-se, com essa equivalência, expulsa, encontrando-se seu desejo, por isso, enganado, reduzido a uma demanda, o que não pode lhe convir.

Eis, pois, a passagem ao ato, cuja condição de possibilidade foi, segundo Lacan, o *acting-out*. Ele declara:

> O que chega nesse momento ao sujeito é sua identificação absoluta com o *a* a que ela se reduz, a confrontação desse desejo do pai sobre o qual tudo em sua conduta é construído com essa lei, que se presentifica no olhar do pai, é isto pelo que ela se sente definitivamente identificada e, ao mesmo tempo, rejeitada, desviada para fora da cena.

E seria, portanto, o que "realiza" o "deixar cair". Ela se deixa cair porque está excluído que "se" seja deixado cair, isto é, realizado no nível daquilo que Lacan chama uma "identificação absoluta com esse *a* a que ela se reduz". Em outras palavras, *ela não pode ser o que, no entanto, todo o* acting-out *era feito para significar que ela era*, a saber, esse olhar do pai.

V. Razão de um fracasso da análise com Freud

Como Lacan vai, a partir daí, situar a análise dessa jovem com Freud?

Façamos outra breve excursão em 1957. Desde essa data, Lacan discutia, de maneira crítica, em que Freud havia fracassado na análise da jovem homossexual. Freud, segundo ele, não soube distinguir a transferência imaginária da transferência simbólica[33], e vemos portanto, aqui, concretamente – se Lacan tinha razão sobre essa distinção –, como o freudo-lacanismo, ao não tomar claramente partido em favor do paradigma R.S.I., pode passar ao largo de uma prática analítica mais bem ajustada aos problemas colocados por essa prática. Em que consiste essa não-distinção, em Freud, entre a transferência simbólica e a transferência imaginária? Trata-se dos sonhos "enganadores" que a jovem paciente envia a Freud, sonhos em que ela se vê tal como as pessoas à sua volta desejam vê-la, casada, com filhos, fiel, feliz, honrando pai e mãe, em suma, na norma. Freud, veremos em que base, fareja a enganação. Lacan não a nega, mas propõe, de certo modo... a Freud, desprezar esse dado, fechar os olhos para ele (mas essa abstenção seria antes uma maneira de acolhê-lo pelo que ele é) e centrar-se no texto desses sonhos[34]; em outras palavras, na transferência simbólica e não na relação imaginária entre ele em posição paterna e essa jovem que, segundo ele, e com certeza ele em parte tem razão, o provoca da mesma maneira que ela provocava seu pai. Freud lhe observa isso, e foi seu erro (dizer uma verdade pode perfeitamente ser um erro, não apenas em psicanálise), pois, com sua observação, ele endurece e quebra a coisa. Foi, com efeito, precisamente por ter dado peso a essa transferência imaginária que Freud decidiu parar o tratamento. Lacan:

> A intervenção dele, sua concepção, seus preconceitos sobre a posição [da paciente] bem devem ter algo a ver com a ruptura da situação.

Em 1957, a questão doutrinal nessa discussão era R.S.I., uma teriaga suscetível de orientar outra maneira de psicanalisar. Em 1963, o desafio

---

[33] J. Lacan, seminário *La Relation d'objet, op. cit.*, p. 135.

[34] Texto que Freud infelizmente não nos dá, um fato que contrasta vivamente com os primeiros casos publicados por ele; não há, grave lacuna, exceto o *niederkommen*, uma única palavra dessa paciente no artigo de Freud, e isto por si só assinala, confirma o acento colocado por Freud sobre a "transferência imaginária".

doutrinal consistirá, na linha reta da invenção do objeto pequeno *a*, em formular como a psicanálise deve se situar em relação a esse pequeno *a*. Num certo sentido, Freud (com esse caso da jovem homossexual) serve a Lacan de pretexto, ainda que, politicamente, seja muito importante precisar exatamente de que é feito o limite da análise com Freud, não se contentar mais em dizer que "Freud tem algo a ver" com a constituição desse limite.

E é, pois, a fim de demarcar esse limite, de mostrar que há um possível para além de Freud, que Lacan vai ser levado a elevar a passagem ao ato dessa homossexual à dignidade do paradigma. O "deixar cair" que ele realiza não seria uma das modalidades possíveis de passagem ao ato (a ser posta ao lado de sabe lá Deus o quê: queimar-se vivo, ou afogar-se, ou enforcar-se, que é uma maneira de morrer de pé, ou ainda da caquexia vesânica, tão impressionante, de Christine Papin); seria, ao contrário, a própria efetuação daquilo que está em jogo em qualquer passagem ao ato que seja. Lacan já o anunciara,

> Esse *niederkommen* é essencial a todo súbito relacionamento do sujeito com o que ele é enquanto pequeno *a*.

Na semana seguinte, um 23 de janeiro, Lacan ainda voltará a isso:

> Esse deixar cair é o correlato essencial daquilo que lhes indiquei na última vez da passagem ao ato[35].

A estenotipista havia escrito "Se", "Se deixar cair". Ainda que errônea, essa transcrição soa justa, pois não se trata de nada mais, como vimos, que deixar cair "si", e é o que "realiza" a passagem ao ato. A passagem ao ato realiza algo que está justamente se realizando, que até é realizado na realização do *acting-out*. O *acting-out* apresenta uma dimensão teatral (mostrativa, como dissemos), Lacan sublinhou, mas no sentido em que a cena é repetida na ausência de um público devidamente constituído. A realização do *acting-out* corresponderia, por assim dizer, a uma estréia, uma estréia que, por uma razão de estrutura, não teria, não poderia ter seqüência. Uma outra analogia

[35] J. Lacan, seminário *L'Angoisse*, sessão de 23 de janeiro de 1963, estenografia p. 3, AF p. 114.

poderia ser a performance artística, aquela que ocorre uma única vez. Pois a seqüência, pois a reação imediata a essa presença de um primeiro público é a passagem ao ato, sobre a qual podemos dizer que, se um voto a constitui, esse voto se formularia da seguinte maneira: "Aconteça o que acontecer!" ou "Aconteça o que tiver de acontecer!", a fórmula da impossibilidade e, portanto, do caráter real da passagem ao ato, sendo esta, então, a um só tempo próxima e diferente da precedente: "Que aconteça o que acontecer", fórmula tautológica e inarticulável como tal, pois subverteria nada menos que a própria linguagem, na qual, justamente, "um gato" não é "um gato", nem "um tostão", "um tostão". Aquilo que a linguagem não pode é carregado pelo real. Em outras palavras: *não há "passagem" ao ato*, a "passagem ao ato" é um conceito falaciosamente nomeado, se por isso se entende que algo de linguageiro se realizaria no ato. O ato, ao contrário, realiza algo a que a linguagem de modo algum pode ter acesso.

Essa "solução" da passagem ao ato é bem próxima daquela, masoquista, de que Lacan já falava em *Os complexos familiares*[36], exceto o fato de que, nesse texto de regime hegeliano, o masoquismo intervinha como resolução de um estádio da libido e alavanca da passagem ao estádio seguinte, ao passo que aqui, na perspectiva estrutural de *A angústia*, o masoquismo tem o alcance de uma aquiescência em impasse, mas valendo apropriação.

Aqui estamos, então, com essa prática de Freud que Lacan, primeiro prudente, dá como "única[37]" em Freud; em breve, com a ocorrência de outros enunciados, essa prudência vai sumir.

Desde a sessão precedente, Lacan havia declarado:

> [...] Freud sente que qualquer que seja o avanço espetacular [sic!] que a paciente faça em sua análise, isso passa por ela, se posso dizer, como água sobre as penas de um pato. E, se ele designa nomeadamente esse lugar que é o do pequeno *a* no espelho do Outro, por todas as coordenadas possíveis, é claro que sem ter os elementos de minha topologia, mas não se pode dizer mais claramente, pois ele diz, aqui, isso diante do que paro, tropeço, é algo como o que acontece diante da ["na", corrige AF] hipnose[38].

---

36 J. Lacan, *Les Complexes familiaux*, Paris, Navarin, 1984 (esse escrito é de 1938).

37 *Id.*, seminário *L'Angoisse*, sessão de 23 de janeiro de 1963, p. 3, p. 114.

38 J. Lacan, seminário *L'Angoisse*, sessão de 16 de janeiro de 1963, estenografia p. 28, AF p. 110.

Lacan então faz Freud falar. O que dizia Freud exatamente? Isto:

> Sua análise dava um pouco a impressão de um tratamento hipnótico, em que a resistência se encolhe da mesma maneira até uma fronteira determinada, para além da qual ela em seguida se afigura invencível[39].

A improvisação de Lacan emprestando a voz a Freud não é assim tão ruim, e força as coisas muito menos do que se pode pensar à primeira vista. A metáfora, tão justa aqui, ainda que Lacan a adore, da água sobre as penas de um pato para significar a indiferença da jovem às interpretações que Freud lhe faz generosamente (em vez de deixá-la falar, é toda a metáfora da análise como viagem programada que está aqui em questão, que é, para justamente dizer, uma babaquice[40], que assinala a volta de Freud a uma posição de domínio) indica até que ela não as força em nada.

Referindo-se, ao longo dessa passagem, ao esquema ótico, Lacan vai dever precisar o que acontece na hipnose e quais são os limites da hipnose:

> O sujeito, no espelho do Outro, é capaz de ler tudo o que ali está, no nível desse pequeno vaso pontilhado, tudo o que é especularizável, até aí vamos. [...] a única coisa que não vemos na hipnose é justamente a própria rolha da jarra, nem o olhar do hipnotizador, que é causa da hipnose. A causa da hipnose não se revela nas conseqüências da hipnose[41].

Portanto, Lacan leva ao pé da letra a "impressão" de Freud; ele identifica pura e simplesmente a situação dessa análise como uma situação hipnótica.

> Se é central ["ela", a causa da hipnose], é porque ela é ali, no caso da jovem homossexual, o que está em questão; é justamente o que deve nos esclarecer, a saber, uma certa promoção do falo como tal ao lugar do *a*.

---

39 S. Freud, art. citado, p. 262.

40 Lacan deu a esse termo um estatuto de conceito (*cf.* Jean Allouch – *Allô, Lacan? – Certainement pas!* [*– Alô, Lacan? – É claro que não!*, Rio, Companhia de Freud, 1999], prefácio).

41 J. Lacan, seminário *L'Angoisse*, sessão de 16 de janeiro de 1963, estenografia p. 28, AF p. 110.

A estocada é então possível, a estocada constituída pela declaração que seria em vão buscada em 1957, segundo a qual (sublinho):

> Essa análise termina nisto, que *Freud a deixa cair.*

Em relação a Dora, aqui

> a função do *a*, do objeto, é tão prevalecente que chegou até a passar nesse real, uma passagem ao ato cuja relação simbólica ele [Freud] no entanto entende bem. Freud entrega os pontos, "não chegarei a nada", pensa, e a passa a uma confrade feminina. É ele quem toma a iniciativa de deixá-la cair. Vou deixá-los com esse termo para entregá-lo às suas reflexões, pois os senhores sentem bem que essa preocupação visa uma referência essencial na manipulação analítica da transferência.

Podemos julgar genial ou, ao contrário, completamente por fora a operação a que Lacan aqui se entrega. Não faltariam argumentos sensatos para contestar a sua pertinência. Considerando a importância do conceito de "desistência" (*Auswich*; *ausweichen*: dar lugar, apagar-se, escapar a, esquivar-se; sentido figurado: esquivar, eludir) nesse texto de Freud (a homossexualidade como desistência para com uma posição heterossexual de fato adquirida, ou seja, o contrário da posição mais geralmente citada de Freud: a homossexualidade como inacabamento), não seria de modo algum inoportuno dizer que Freud "desiste" em vez de dizer que ele "deixa cair" a jovem. Aliás, ele não a deixa cair no mesmo sentido exatamente que ela se deixa cair por cima do parapeito, já que ele a envia a uma colega (o equivalente do hospital, onde a jovem teria parado após sua passagem ao ato) e, se não me engano, essa colega faz supervisão com ele, portanto ela vai lhe falar desse caso. Graças a esse dispositivo, Freud manteria as rédeas ou, melhor ainda, as rainhas*.

Freud, no entanto, toma uma decisão bem intempestiva. Curiosamente, é *antes mesmo* de observar para nós, seus leitores, que os sonhos "enganadores" da jovem comportariam uma parte de sedução para com ele

* Rédeas [*rênes*] e rainhas [*reines*] têm em francês a mesma pronúncia. (NT)

que ele nos diz sua decisão de pôr um termo nessa análise por uma razão que não resiste muito ao exame, a saber, o fato de que sua paciente transferia para seu analista sua "radical recusa do homem", provocada pela decepção vinda de seu pai:

> Pus, portanto, um termo na análise *logo* [sublinho] que tomei conhecimento da posição da jovem para com seu pai [...].

Lacan vai, portanto, em 1963, chamar essa decisão de "deixar cair". É clínica e doutrinalmente muito forte por duas razões, uma que direi narrativa, outra pulsional.

Razão narrativa. A primeira se deve à estrutura do relato. Lacan tem razão quando afirma que Freud "deixa cair" sua jovem paciente, pois, ao enviá-la a uma mulher, Freud restabelece a situação a três, a configuração ternária do *acting-out*. Falando com sua analista, apaixonando-se por ela (se tudo correr bem!), a jovem acabaria com um Freud no mesmo lugar estritamente ocupado por seu pai questionado por meio de sua relação com a dama.

Vemos imediatamente o benefício para Freud. No início desse tratamento, a propósito do qual ele emite todas as espécies de reservas, indicando-nos que não foi um tratamento analítico, havia dois pais, situação insustentável e razão pela qual falou-se, acima, da unicidade da posição paterna. Se a jovem devesse aceitar a proposta de Freud, não haveria, ela só teria então um, a saber, Freud. Em outras palavras, o gesto de Freud teria então consistido (mas não sabemos como continuou) em dizer ao pai da jovem "Saia daí para eu entrar", o que talvez tivesse constituído, se tivesse sido aceita, uma intervenção perfeitamente fundada, pertinente, uma intervenção não analítica, mas fundada nas condições de possibilidade de uma análise para essa jovem. Uma vez que Freud não tomava esse pai em análise, não havia outra via oferecida a não ser a que poderia ter consistido não em analisar a jovem (ela teria então sido colocada no lugar de seu pai!), mas em instalar as condições de possibilidade da análise dela, decerto *em outro lugar* que ali onde seu pai deveria ter-se deitado e não sem ligação, no entanto, com esse lugar primeiro da demanda de análise.

Esse dispositivo proposto por Freud também poderia ter oferecido um benefício não desprezível à jovem, pelo fato mesmo dessa substituição de seu pai por Freud. Pois Freud teria tido uma ligação com a nova dama, a saber, a analista, ele tinha simpatia por ela (sua perversidade apresentava algumas vantagens), à diferença do pai da jovem, aos olhos de quem a dama era apenas uma mancha em sua reputação.

O que quer que seja o que aconteceu depois, e que ignoramos, no momento em que Freud "deixa cair" a jovem (o que seria o caso se ela e sua família tivessem dito não à proposta de Freud, e que permanece, na minha opinião, a saída bem provável desse "tratamento"), temos, portanto, a seguinte estrutura narrativa:

Acting-out – passagem ao ato / sessões com Freud / passagem ao ato (de Freud) – acting-out
embaraço

E, com efeito, Lacan não vai recuar em qualificar como sendo uma passagem ao ato a decisão de Freud de deixar cair a jovem:

> Sem ver em que ele está embaraçado [...].

Ele está "embaraçado" no sentido castelhano de "grávido". Enquanto, em posição de hipnotizador, ele contém pequeno *a*, a causa não imaginarizável da hipnose, um objeto pequeno *a* com valor fálico:

> ele está emocionado, como mostra, seguramente, diante dessa ameaça à fidelidade do inconsciente [...]

Trata-se de toda a discussão sobre os sonhos enganadores:

> ele passa ao ato[42].

A crítica dos limites da análise freudiana está, portanto, explicitada e focalizada neste caso:

---

[42] J. Lacan, seminário *L'Angoisse*, sessão de 16 de janeiro de 1963, estenografia p. 33, AF p. 126.

O estranho é que Freud deixa cair diante desse emperramento de todas as engrenagens, ele não se interessa por aquilo que as faz justamente emperrar, isto é, o dejeto, o pequeno resto, o que vem tudo parar e que é ali o que vem em questão.

Razão pulsional. Chamei "pulsional" a outra razão maior que nos faz dar crédito à formulação lacaniana da decisão de Freud como um "deixar cair". Para entender isso, convém fazer um último *excursus* em 1957. Evocando um dos sonhos "enganadores" e, mais precisamente ainda, o que eles comportavam de tentativa de sedução de Freud, Lacan, uma vez mais, faz Freud falar:

> Creio que a intenção de induzir-me a errar era um dos elementos formadores desse sonho. Era também uma tentativa de ganhar meu interesse e minha boa disposição, provavelmente para ["mais tarde", acrescenta AF] desiludir-me tanto mais profundamente[43].

Depois comenta:

> Aparece aqui a ponta dessa intenção imputada ao sujeito de cativar Freud para fazê-lo cair de sua altura, para fazê-lo desabar de tanto mais alto porquanto estaria mais preso na situação. Ouvindo-se o acento dessa frase, não há dúvida de que haja o que chamamos uma ação contratransferencial. O sonho é enganador, Freud só retém isso [...].

Em outras palavras: Lacan tem boas razões para dizer que Freud "deixa cair" a jovem, pela razão de que o que o ameaçava era que a jovem o deixasse cair. Ainda seria necessário, para isso, que Freud se deixasse enga-

---

43 J. Lacan, seminário *La Relation d'objeto, op. cit.*, p. 107. A confrontar com o que escreve Freud (*cf.* art. citado, pp. 263-264). A seqüência da citação deve igualmente ser confrontada com a transcrição AF: "Aqui aparece a ponta dessa intenção imputada ao sujeito de vir nessa posição de cativá-lo, de prendê-lo, diz Freud, para fazê-lo cair de mais alto, para fazê-lo desabar de tanto mais alto porquanto há até ali algo em que, de certo modo, ele mesmo, pode-se dizer, é tomado na situação, pois não parece absolutamente haver dúvida, ao ouvir o acento dessa frase, de que há o que chamamos uma ação contratransferencial. É correto que o sonho seja enganador, e ele só vai reter isso".

nar por essa manobra sedutora e que estivesse, para a utilização dessa estratégia analítica, livre em seus movimentos. Segundo Lacan, em 1957, ele não estava:

> Em vez de tomar essa via, digamos as coisas de uma maneira um pouco grossa [*grosse*] [*sic*!, trata-se de gravidez [*grossesse*]], ele toma a coisa como dirigida contra ele.
> *Também é*, diz ele, *uma tentativa de me enrolar, de me cativar, de fazer com que eu a ache muito bonita.* Essa frase a mais basta para nos instruir. Essa jovem deve ser arrebatadora para que, como Dora, Freud não esteja completamente livre nesse caso. Ao afirmar que lhe é prometido o pior, o que ele quer evitar é sentir-se ele mesmo desiludido. Vale dizer que está pronto para se iludir. Ao se prevenir contra essas ilusões, ele já entrou no jogo. Ele realiza o jogo imaginário. Faz com que ele se torne real, já que está dentro.

Eis o texto AF, com certeza muito mais próximo das palavras de Lacan, embora meio incompreensível:

> Mas, se isto é muito claramente visto por Freud [isto: trata-se de verdade e de mentira na relação do sujeito com o Outro], parece que lhe escapa que é uma verdadeira transferência, a saber, que é na interpretação do desejo de enganar que a via está aberta, em vez de tomar isso por algo que é – digamos as coisas de uma maneira um pouco grossa – dirigido contra ele.

Freud, digamos assim, toma esses sonhos mentirosos como parada imaginária; Lacan propõe ler neles a intervenção de um sujeito simbólico, isto é, capaz de enganar (podemos nos lembrar aqui do sujeito humano definido por Lacan como um animal suscetível de deixar rastros tais que acreditamos que são verdadeiros, embora sejam falsos, limitando-se o animal a um uso de falsos rastros).

> Pois bastou que ele tivesse feito esta frase a mais: "É também uma tentativa de me enrolar, de me cativar, de fazer com que eu a ache bonita" – e essa jovem deve ser arrebatadora para que, como com Dora, ele não esteja completamente livre nesse caso –, e o que ele quer evitar é justamente que ele afirme que lhe está prometido o pior, isto é, algo em que ele mesmo se sentirá desiludido, isto é, que está pronto para se iludir, ele já entrou no jogo, ele realiza o jogo imaginário.

A jovem não "deve" ser arrebatadora, não há necessidade alguma de supor isso; ela é simplesmente bela, Freud diz isso desde o segundo parágrafo de seu texto: "bela e inteligente". E, portanto, considerando a importância de sua beleza na discussão de seu caso, proponho doravante designá-la, e por não ter o seu nome, como a bela homossexual.

A frase que Lacan empresta a Freud não é uma citação literal, mas tampouco tão afastada das palavras de Freud[44]:

> Acho, no entanto, que ao lado da intenção de induzir-me a errar havia também em seus sonhos uma parte de sedução; também era uma tentativa para ganhar meu interesse e minha estima, talvez a fim de me decepcionar ainda mais profundamente depois.

Em compensação, há um ponto que Lacan não discute nem em 1957 nem em 1963 e que foi decisivo para Freud, pois foi sobre esse traço que ele pautou sua posição (o que Lacan chama sua "transferência imaginária"). Freud observava a "contradição muito grande" entre os sonhos da jovem e "as manifestações de seu estado de vigília" que são essencialmente pensamentos que ela lhe dizia imediatamente: 1) que ela desejava casar-se para ter paz e "viver sem constrangimento seus pendores reais", 2) que o homem não lhe traria problemas, que ela conseguiria e que, 3) como a dama, ela teria relações sexuais "ao mesmo tempo"[!][45] com um homem e com uma mulher. É a "contradição" dessas declarações com os sonhos de normalização que alerta Freud e faz com que diga à bela homossexual que ela quer enganá-lo. Em que está ele errado, se é que está errado aqui, como pretende Lacan? No fato de que se trata de declarações, de conjecturas estratégicas que a jovem lhe conta, com respeito à sua política erótica. Trata-se *do que ela pensa* e *não de ali onde ela está*[46]. Ora, tomando-a no nível de seus so-

---

[44] S. Freud, art. citado, p. 264.

[45] Essa orgia evocada o é também no alemão *gleichzeitig*.

[46] *Cf.* a reescrita lacaniana do *Cogito* "Ali onde penso, não sou, ali onde sou, não penso", e seus prolongamentos no seminário *O ato psicanalítico*, em que um matema, baseado nessa reescrita, liga três vetores respectivamente designados como alienação, transferência, verdade.

nhos, no nível da transferência simbólica, com certeza Freud teria se aproximado do que ela era, o que lhe permitiria assim ela mesma aproximar-se.

Lacan não diz, não pode dizer, nessa época anterior à invenção do objeto pequeno *a*, que esse real do jogo da jovem com Freud é que Freud seja deixado cair enquanto objeto pulsional. Em compensação, ele declara, em 1957 (transcrição AF):

> A partir desse momento, ele o faz tornar-se real, já que ele está dentro, e aliás isso não dá errado, pois, na maneira como ele interpreta a coisa, ele diz à jovem que a intenção dela é bem enganá-lo como ela tem costume de enganar o pai. Vale dizer que ele logo interrompe o que realizou como a relação imaginária, e de certa maneira sua contratransferência ali poderia ter servido, contanto que não fosse uma contratransferência, contanto que ele mesmo não acreditasse nela, isto é, que aí não estivesse.

Lacan critica Freud não só por ter-se pautado na transferência imaginária, *mas também e talvez sobretudo por ter quebrado, por sua interpretação, essa transferência imaginária*. Freud havia "realizado" (realizado no sentido forte, no sentido em que o imaginário é real) essa transferência imaginária; se ele se tivesse focalizado na transferência simbólica, não teria quebrado a transferência imaginária, mas, ao contrário, teria jogado com ela. Em vez disso, essa coisa preciosa, eis que ele a quebra ao interpretá-la. No entanto, será somente em 1963, com o estudo do objeto pequeno *a* em sua relação com o analista, que Lacan formulará precisamente o que se passou, em que terá consistido o erro de Freud.

Freud "deixa cair" a jovem precisamente porque foge do risco de ser deixado cair por ela (trata-se da mesma pulsão, da castração da pulsão escoptofílica). Se tivesse tomado a via assinalada por Lacan, Freud teria aberto a possibilidade de que essa jovem o deixasse cair, mas que o deixasse cair como suporte ou portador de um olhar, ou até – pois tal teria sido o momento, o *kairos*, no qual esse ato teria sido possível para ela – enquanto olhar. E com certeza teria sido preciso, para chegar a esse momento conclusivo de sua análise, que ela realizasse a que ponto esse olhar era da ordem do excremento (*cf.* a expressão "é merda" para significar que uma coisa não tem importância).

Tendo a encabeçar essa análise do caso que doravante se afigura tanto o caso de Freud quanto o da jovem homossexual, podemos reler, dando-lhe um pouco de carne, a declaração que foi nosso ponto de partida:

> [...] a referência à transferência, a limitá-la unicamente aos efeitos de repetição, aos efeitos de reprodução, é algo que mereceria ser inteiramente desenvolvido, e a dimensão sincrônica arrisca – de tanto insistir no elemento histórico, no elemento repetição do vivido –, arrisca, em todo caso, arrisca deixar de lado toda uma dimensão não menos importante, que é precisamente o que pode aparecer, o que está incluso, latente, na posição do analista, pelo que jaz, no espaço que o determina, a função do objeto parcial.

VI. A erótica da IPA

Ao que se pode acrescentar que a situação que Freud recompõe por sua passagem ao ato é isomorfa àquela que no mesmo momento ele punha em prática com Anna e Lou. Até o estilo cortês do laço homossexual é semelhante (Lou em posição de dama, e não de relação sexual). Ele aí ocupa o mesmo lugar paterno.

Ou seja, agora, um pouco de psicanálise-ficção, desembocando no entanto numa estranha verdade: a jovem, ao aceitar a proposta final de Freud, e na medida em que a sua análise não tenha sido levada até seu termo (em que ela se tenha chocado contra o complexo de castração em vez de deixar cair o olhar do pai), poderia ter sido confirmada como "homossexual", embora se tornando uma freudiana (no sentido em que existiria um Freud pai da psicanálise). Todos os "freudianos", nesse sentido, são "homossexuais". A IPA (International Psychoanalytic Association) é um movimento "lésbico", o que Freud, aliás, para falar apenas da mais notória de suas relações com seus alunos, quis impor a Ferenczi e que este, preso na mesma problemática, lhe recusou (que ele se deixasse tratar como uma mulher por um pai, em outras palavras, como ele tratava Anna, ainda que Ferenczi o entendesse de outra maneira: mal-entendido). Era lógico que Freud tivesse querido e posto na cabeça ideológica da IPA uma lésbica na pessoa de sua própria filha.

E vemos, pois, Lacan, doravante advertido desse estado das coisas devido à sua retomada do caso da jovem homossexual, modificar o sentido do slogan "retorno a Freud". "A coisa freudiana", diz ele, "é o que Freud deixou cair[47]". Nossos amigos lacanianos que usam do nome de Freud no nome de seu grupo avaliaram a dimensão dessa declaração? Coloco-lhes aqui a questão.

Portanto, o limite da análise com Freud nada mais é que o lugar de Freud pai da psicanálise. Ora, esse lugar, nesse início do ano de 1963, recebe uma nova luz. É o do hipnotizador, aquele onde jaz o objeto parcial marcado pelo valor fálico.

Ele é esse lugar – Lacan o nota também logo antes de sua redefinição do retorno a Freud – de onde a feminilidade só pode ser um ponto de tropeço, um continente tornado "negro" pela fascinação de todos os freudianos (no sentido dito acima) pela questão: "O que quer a mulher?". Essa fascinação comporta sua parte de semblante, pois, por ser colocada de um certo lugar (o de Freud-o-pai), essa questão não deixa de comportar, como se deve, sua própria resposta. O que diz essa resposta? Que a mulher quer uma outra mulher. Freud quis Lou para Anna. É, pois, uma resposta em abismo; daí a fascinação; e o que Lacan chama "o tropeço do pensamento de Freud" nessa feminilidade que "se esquiva" – forçosamente, todo o dispositivo lésbico da IPA é feito para isso.

Quais são as conseqüências dessa configuração (da qual Lacan e seus alunos deviam absolutamente desprender-se uma vez que estava identificada a função do objeto pequeno *a*) do ponto de vista da prática analítica? O que estudamos aqui permite concordar com essa perspectiva – que Lacan havia anunciado justo antes de revisitar esse caso – de uma prática analítica fundada na análise como espaço do objeto parcial e não no analista como lugar onde jaz, definitivamente enquistado pelo empaternamento freudiano, esse objeto parcial, por isso falicizado. Freud, dizia Lacan, designa a angústia de castração como limite da análise porque permanecia, para seu analisado, "a sede, o lugar do objeto parcial[48]". A coisa é límpida, podemos

---

[47] J. Lacan, seminário *L'Angoisse*, sessão de 23 de janeiro de 1963, estenografia p. 35, AF, p. 127.

[48] J. Lacan, seminário *L'Angoisse*, sessão de 9 de janeiro de 1963, estenografia p. 23, AF pp. 92-93.

concluir, com o que aconteceu ou não aconteceu entre a jovem homossexual e Freud.

Uma tal posição bloqueia de antemão a erótica analítica no que ela pode apresentar de variedades. Movimento típico: Freud rejeita o início de sedução de que a jovem dá prova para com ele, ele a envia a outra mulher e a essa homossexualidade feminina que lhe convém aparentemente tão bem, que se casaria tão bem com sua *père-version*. Freud, sede do objeto parcial falicizado, é intocável eroticamente. Que as mulheres trepem entre si ou não, e que os homens trepem ou não trepem com as mulheres, ou que trepem entre si, pouco importa. O falo que os olha está em boas mãos.

Tal nos parece a pastoral analítica. A pastoral analítica não é nem mais nem menos que um pai que se masturba. Há um dito espirituoso de Lacan sobre isso, relatado por Juan-David Nasio[49].

Verificando a tradução em espanhol dos *Escritos*, Nasio cai sobre uma curiosa *mano del mono*, "mão do macaco". Ele vai ver Lacan, interrogando-o:

– O que é esta "mão do macaco"?
– É a masturbação!
– Mas se trata de Freud!
– Você não sabia que Freud era um grande masturbador?

Salvador Dali, que fez um retrato de Freud, não estava longe, com seu grande masturbador.

---

[49] J. Allouch, – *Allô, Lacan? – Certainement pas!* [Tradução brasileira: *Alô, Lacan? – É claro que não!*]. *Op. cit.*, p. 182 da edição francesa, p. 168 da tradução brasileira.

CORREÇÃO II

Amar como mestre*
Sobre o ensino de *aliás* Sidonie Csillag

A beleza é seu critério, é seu afrodisíaco;
o desejo é o motor que a anima. A realização,
a realidade são apenas decepção e acabrunhamento[1].

As mulheres mestres foram eminentes, decerto,
mas pouco numerosas. Desde Siracusa, Atenas e
Antióquia, as mulheres discípulas afluíam.
Essa "demografia" está em via de mudar[2].

De um singularmente sustentado domínio [*maîtrise*]

Xx (?) Xx (?)[3], *aliás* Sidonie Csillag. Assim deveríamos corrigir o uso errôneo de "*aliás*" em meu título. No entanto, se persisto nesse erro, Sidonie

* *Le maître: amo*, ou *senhor*, ou ainda *dono*. A ressaltar em francês a mesma origem semântica para *maîtrise* [domínio] e *maîtresse* [a mestra, a senhora, mas também a amante]. (NT)

1 Ines Rieder, Diana Voigt, *Sidonie Csillag, homossexuelle chez Freud, lesbienne dans le siècle*, trad. do alemão por Thomas Gindele, Paris, EPEL, 2003, p. 179.

2 Georges Steiner, *Maîtres et disciples*, traduzido do inglês por Pierre-Emmanuel Dauzat, Paris, Gallimard, 2003, p. 183. O título original deve ser ressaltado pelo que sugere de um possível paradoxo: *Lessons of the Masters*.

3 A obra retraça um sainete de onde o leitor sagaz poderia deduzir o prenome de Sidonie Csillag. Ficaríamos com raiva de nós mesmos se facilitássemos aqui sua preguiça de espírito.

Csillag tem toda a responsabilidade por isso – só que, dessa responsabilidade, eu me faço o tolo ao tentar, aqui mesmo, tomar ciência da publicação de sua biografia.

O que, com respeito a ela, nem Freud nem Lacan fizeram. O professor Freud não tinha uma idéia clara do assunto, não estava advertido quanto ao domínio [*maîtrise*] (como confirma sua segunda teoria do aparelho psíquico, com um eu [*moi*], mestre lastimável, mal de saúde entre isso, supereu e realidade, mas pequeno mestre de qualquer modo: bem cedo Lacan corrigirá[4]); quanto ao doutor Lacan, ele ainda não havia formulado sua doutrina da discursividade quando, por duas vezes e de maneira aliás sensivelmente diferente, ele acabou por interpretar o caso[5] da dita "jovem homossexual" de Freud (seu nome "de em análise[6]", doravante foracluído). Para falar a verdade, na segunda vez, em 1963, tratava-se bem mais do caso de Freud psicanalisando-a, ou melhor, fracassando em psicanalisá-la. É lamentável, nocivo para eles e para os que os sucedem. É permitido visitar de novo o que foi debatido, uma vez que Lacan isolou, nomeando-as "discursos", quatro modalidades do laço social, estabelecendo, notadamente, uma distinção clara (formalizada) entre discurso do mestre e discurso psicanalítico.

Alguns, sérios, cultos, sensíveis à dimensão da letra, lamentaram que, na versão francesa de sua vida, Sidonie Csillag não aparecesse sob seu "verdadeiro" nome; editor da obra, até tomei algumas iniciativas nesse sentido junto às duas autoras, Ines Rieder e Diana Voigt, as quais, gentilmente, recusaram com firmeza. Tive de rever a minha posição, isto até concluir que elas tinham razão. Por quê?

Porque Sidonie Csillag foi, desde sua primeira mamada até a morte e além (além que comporta nosso hoje), um mestre, e não há como sair nem

---

4 Ele declara então que a psicanálise precisa de uma nova teoria do eu [*moi*] para não deixar fora de seu questionamento, até mesmo fora de seu alcance o que ele vai chamar o "campo paranóico das psicoses". A invenção do estádio do espelho responderá a essa espera.

5 Sobre as reservas suscitadas por essa palavra, ver Thomas Gindele: "Freud, Lacan, Sidonie: desníveis", publicado em posfácio da obra.

6 Expressão forjada sobre o paradigma gramatical durassiano: *Seu nome de Veneza em Calcutá deserta.*

como fazê-la sair disso. Tal ela viveu, tal ela se quis, tal devemos acolhê-la, se todavia não fazemos questão de tomar essa postura que consiste em dizer, diante da efetividade de uma situação, que ela é outra do que é.

Sidonie Csillag foi um mestre: um mestre em sua relação com o trabalho, um mestre de sua eterna juventude, de seus sonhos, de suas palavras, de seu nome, de seu pai (mais amplamente, em e de sua família), da história, de Freud, de sua sexualidade, de seus cães, de seus amores. Soletremos cada um desses lugares.

Um mestre não trabalha. Quando, emigrado para Cuba com os dois irmãos, Robert lhe sugere trabalhar, Sidonie Csillag fica "indignada[7]". Obrigada a fazê-lo, ela diz seu profundo desprezo pelo que ela nomeia (apreciemos a justeza de suas palavras) "a existência de mulher de serviço[8]". Confirmação, se for necessário: essa mendiga que ela inveja infinitamente por ser "dona [*maîtresse*] de seu tempo e de sua vida", ao passo que ela mesma é forçada a trabalhar. Já bem antes, convidada pelo pai a escolher uma profissão, ela lhe opõe uma feroz recusa[9].

Ela foi dona [maîtresse] de sua eterna juventude: "Até a idade de noventa anos, ela se sentira, como durante a vida inteira, sem idade, sem limitações nem fraquezas[10]". Ou, ainda, esta platônica declaração bem no fim de sua vida: "Sempre fui apaixonada pela beleza. Uma bela mulher sempre é um gozo para mim – vai ser assim até o fim de minha vida[11]". Esse domínio [*maîtrise*] foi real, seu real.

Dona [Maîtresse] de seus sonhos. Esse domínio [*maîtrise*] deu lugar a um notável engano de Freud, o qual viu nisso apenas fogo, mas o seu,

---

7 I. Rieder, D. Voigt, *Sidonie Csillag...*, *op. cit.*, p. 279.

8 *Ibid.* p. 285.

9 Única coisa que ela lhe concede: seu aprendizado da máquina de escrever, que a seguirá por toda parte, com a qual ela bate uma correspondência em relação à qual não poderíamos desejar com mais intensidade que fosse logo reunida e publicada.

10 I. Rieder, D. Voigt, *Sidonie Csillag...*, *op. cit.*, p. 379.

11 *Ibid.*, p. 387.

aquele de que ele ardia. Ao passo que Freud se interrogava sobre o caráter enganador do inconsciente[12], dos sonhos que ela lhe contava tão conformes, demasiado abertamente conformes ao que seu pai podia desejar que ela se tornasse[13], ela, sofrendo a forte pressão da demanda de Freud de que ela lhe trouxesse sonhos, e por não dispor deles, "[...] lhe *serve* [sublinho], portanto, seus encontros com Léonie sob forma de sonhos[14]". Freud está sendo enganado, mas não ali onde ele crê notar!

Dona [Maîtresse] de suas palavras. Como atesta o fato de que ela considera com desdém o tcheco como uma "língua de *domésticos*". Sublinho, pois ela não pode dizer melhor sua relação com a linguagem, aquela mesma que indicava Lévi-Strauss (Lacan o mencionará) ao ressaltar que uma criança tinha prazer em dizer: "O cachorro faz miau miau; o gato au au au". E um feixe pode ser dito "não avaro nem odioso".

Dona [Maîtresse] de seu nome. Seu nome de mestre é Sidonie Csillag, e querê-lo outro corresponderia – o que ela exclui – a contestar o seu domínio [*maîtrise*]. Ninguém, fora da besteira, a isso está autorizado nem a isso pode se autorizar.

A fábrica desse nome, Sidonie Csillag, vale que aí nos demoremos. Os elementos que vão estar em questão a esse respeito não figuram todos na obra, mas as duas autoras os dizem de bom grado e felizmente. Desde sua pequena infância, Diana Voigt conheceu ***, uma amiga de sua avó. Já adulta, fomentando, nos anos oitenta, o projeto de estudar o que advém das mulheres, o que advém às mulheres quando ganham idade, foi em *** que ela pensou; retomou contato com ela para sua pesquisa, isto sem saber ainda que sua interlocutora tinha sido paciente de Freud. E com certeza seu

12 Retoricamente, ele empresta essa questão "àqueles que se nomeiam psicanalistas" e que, lendo seu artigo sobre "a jovem homossexual", seriam tomados por uma "verdadeira tempestade de indignação e de desvario", viés pelo qual ele pode lhes responder que não é nada disso, que só os sonhos (e não o inconsciente) são suscetíveis de enganar.

13 Sigmund Freud, "Psychogenèse d'un cas d'homosexualité féminine", in *Névrose, psychose et perversion*, Paris, PUF, 1973, pp. 263-264.

14 I. Rieder, D. Voigt, *Sidonie Csillag...*, *op. cit.*, pp. 70-71.

projeto se modificou quando esta lhe deu essa informação, não seu segredo, mas aquilo que ela preferia não contar. Dali por diante ia se tratar de produzir uma biografia da vida da velha senhora (ela falecerá em agosto de 1999, na idade de noventa e nove anos), biografia para a qual Diana Voigt ia pouco depois pedir a ajuda de Ines Rieder. As duas mulheres a interrogam longamente, gravam suas palavras, mas também falam com ela em "off", levam-na ao restaurante, ao cinema, uma vez até a um bar homossexual, tomam afeição por ela, que terá sabido tão bem conquistar a estima delas. Estava combinado que essa biografia não mencionaria seu nome – digamos, antes, aquele sob o qual ela era conhecida num certo meio em Viena –, tampouco o de alguns de seus mais próximos. No entanto, ele figurava nas primeiras frases escritas para essa biografia, enquanto as entrevistas prosseguiam; um belo dia, a função "substituir" das máquinas eletrônicas com as quais são doravante produzidos os livros o terá cassado. Mas há algo mais estranho ainda que esse gesto. Nunca esteve em questão entre elas três, nos conta Ines Rieder, determinar qual pseudônimo (ou, então, é melhor dizer "heterônimo"?) ia ser posto em circulação. Esse fato parece, ao menos a mim parece, enorme. E, portanto, será só após a morte de *** que, reunindo-se com alguns amigos(as), as duas autoras, tomando por banco de dados, no catálogo da época, os prenomes e nomes usuais na Viena de antes da Segunda Guerra Mundial, elegeram "Sidonie" e "Csillag", este último nome apresentando três características, além do fato de ser na época bem comum:

1) sua origem húngara, como a do "verdadeiro" nome de Sidonie Csillag;
2) um parentesco literal com esse "verdadeiro" nome;
3) um sentido: *csillag* significando "astro"[15], "estrela" em húngaro.

Eis, portanto, as duas autoras nos apresentando, nos oferecendo Sidonie Csillag como um astro, uma estrela. A justo título, vamos tentar dizer por quê.

---

[15] Marcelo Pasternac foi o primeiro a me assinalar isso, que depois foi confirmado pelo Gáldi Lászlo, *Magyar-Spanyol Szótar*, Budapeste, Ed. Terra, 1958. Essa escolha de um nome próprio portador de uma significação foi deliberada.

A ausência radical de preocupação que teve Sidonie Csillag (seu nome doravante) em intervir na maneira como, para a posteridade, ela ia ser nomeada não constitui um fato marcante? Seu domínio sobre seu nome terá consistido, portanto, em dizer apenas: "isso não", não esse nome sob o qual, em Viena, ela era conhecida; acrescentando, em ato, "quanto ao resto, virem-se, decidam; seja qual for, a escolha de vocês será a boa"; acrescentando ainda "não me importa nem saber antes de morrer". É possível localizar o ponto de subjetivação (de destituição subjetiva, isso dá no mesmo, pelo menos em Lacan e alguns outros) ao qual é preciso ter chegado para deixar assim nas mãos de duas amigas até a determinação de seu nome? Esse ponto de subjetivação evoca o "que importa quem fala" (Beckett) que Foucault não deixou de eleger no início de sua conferência sobre a discursividade. Sidonie Csillag terá, em relação a seu nome, levado tão longe o domínio que não lhe foi necessário ter a mínima preocupação com o que ia bem poder ser. De toda maneira, suas duas amigas tomariam uma decisão pertinente. Não se pode conceber maneira de estar mais segura de seu feito. Kierkegaard, Pessoa fabricam eles mesmos seus pseudônimos; ela pode darse ao luxo de deixar isso para suas duas amigas.

Suas duas amigas..., cujo projeto foi levado a cabo. O desempenho se mede por contraste com o que, paralela e simultaneamente, se instalou, mas sem conseguir, mas praticamente previsto para não conseguir – lado psicanalistas. Kurt Eissler entrou em contato com Sidonie Csillag nos anos cinqüenta-sessenta e esta aceitou se corresponder com ele regularmente, escrevendo-lhe, até bem tarde em sua vida, *uma carta por mês* (!). Essas cartas estão doravante sob selos nos Arquivos Freud, em Washington, e, salvo imprevisto, teríamos que esperar o ano 2049 para poder lê-las. Ali onde Sidonie Csillag apareceria sob seu "verdadeiro" nome, as coisas hoje são deixadas dissimuladas. Ali onde ela soube usar um pseudônimo, ei-las abertas, acessíveis.

E como não se inclinar também diante do incrível domínio de que Sidonie Csillag saberá dar prova em relação a seu pai, esse personagem cujo olhar os psicanalistas adoram querer "enraivecido", um olhar que eles não menos adoram apresentar como decisivo na vida de Sidonie Csillag. Quando, apaixonada por um homem, ou, mais precisamente, por um cavaleiro que ela observa em ação sobre seu cavalo, de quem ela admira "a soberania", mesmo que se trate de um oficial divorciado e sem dinheiro, pouco feito para convir a seu pai desde o instante que ela lhe anunciará querer desposá-lo, ela primeiro obtém que seu pai, informado pelo boato, nem ouse interrogá-la a esse respeito, depois consegue reduzir esse pai simplesmente à sua mercê, o que Ines Rieder e Diana Voigt transcrevem assim:

> Não lhe resta então outra solução a não ser apoiar Sido em todas as suas ações, ainda que elas não lhe convenham. Ele não poderá mais mudá-la, ele só pode, então, amá-la[16].

No boxe, diríamos: K.O.

Dona [Maîtresse] da história. Não entenderíamos nada da incrível leviandade, ou, melhor ainda, do desdém, do desprezo com o qual Sidonie Csillag acolhe a invasão bárbara da Áustria, do risco considerável que, prevenida, ela no entanto corre, ao decidir que aquilo não lhe dizia respeito, que jamais alguém poderia considerá-la judia uma vez que ela mesma não o admitia, se desprezássemos o fato de que ela se queria mais que tudo dona [*maîtresse*] de seu destino, notadamente da escolha de seu lugar de vida, o qual Hitler nenhum jamais poderia atacar[17]. Ela mesma dá a fórmula de seu domínio [*maîtrise*], que o contexto político torna então louco, fórmula que deixa seu irmão "estupefato", impressionado com a sua violência: "Não vão fazer isso com ela[18]". Com efeito, a um mestre não fazem. "Ela não vai se deixar rotular como fazendo parte 'daquela gente'[19]". E mais, pouco antes desse último minuto em que decide deixar Viena, sua recusa de recorrer a organizações:

> Ela é uma mulher livre, que não se deixa ditar por ninguém e que decide ela mesma o que faz e quando[20].

---

16 I. Rieder, D. Voigt, *Sidonie Csillag...*, *op. cit.*, p. 180.

17 *Ibid.*, pp. 216-220. Sidonie Csillag diz, como Freud, que Viena é sua pátria, que não vai deixá-la a preço algum. Os dois a deixam no último momento.

18 *Ibid.*, p. 168.

19 *Ibid.*, p. 222.

20 *Ibid.*, p. 243.

Mestra [Maîtresse*] de Freud. Um mestre não se analisa. Um mestre não pode prestar-se aos por vezes incômodos imprevistos da livre associação, em que o "o que eu quero dizer" não é mais o que pauta a fala. Em referência à formalização lacaniana de quatro discursos, diríamos: um mestre usa o significante justamente dito "mestre" em posição de agente de seu discurso; um mestre não pode admitir que um objeto pequeno *a* possa ocupar esse lugar de agente. Colocar-se a questão de saber se, no momento em que o pai a conduz à casa de Freud, uma psicanálise era para ela possível, seja qual for a resposta que tentemos fornecer, *já* é perder a posição. Claramente, deitada no divã de Freud, Sidonie Csillag permanece um mestre. Ela se cala[21]; e, nessa relação de força que havia de imediato marcado o encontro dos dois, não agüentando mais, Freud cede, colocando-lhe uma questão a fim de relançar sua fala, mediante o que a demanda passa para o lado de Freud[22] (um erro técnico que só faz mostrar um outro erro, principial: ter aceito a jovem em análise[23] no lugar de seu pai que, no entanto, era o único a demandar análise; nenhuma dúvida de que, se Sigmund Freud tivesse proposto ao pai tomá-lo em análise e se se tivesse limitado a isso, qualquer que fosse a resposta desse pai, Freud teria adquirido a estima de

---

* A ressaltar o duplo sentido em francês: *maîtresse* pode ser *mestra* mas também *amante*. (NT)

21 I. Rieder, D. Voigt, *Sidonie Csillag..., op. cit.*, p. 50.

22 *Ibid.*, pp. 386-387.

23 Observam-me que, segundo suas próprias palavras, Freud não deu nenhuma esperança aos pais quanto ao "cumprimento do desejo deles" de que a filha voltasse à norma. Mas o que seria esse único desejo de dois pais assim combinados? Dizem-me também que Freud fala de "exploração analítica", não de "tratamento". Mas, além de ele situar, precisamente no artigo em que relata esse "caso", "a construção da gênese de seu mal" como primeira fase *da análise* (é a teoria da prática psicanalítica como difásica, comportando um tempo de preparação e um tempo de execução, uma teoria que um Lacan não pode de modo algum admitir e que remete, *via* metáfora da viagem que ele formula a esse respeito, às próprias fobias de Freud), ele também indica, logo após ter emitido reservas sobre o "tratamento", que a jovem, por amar os pais, "queria dar uma ajuda numa tentativa de *transformação*". Logo, tratava-se *mesmo assim*, disso (o que Lacan não vai contestar)? Mas, sobretudo, Freud deita a jovem em seu divã, o fato é esse. E podemos conceber que as reservas que ele escreve muito provavelmente *após* ter decidido pôr um termo nas sessões com a jovem não teriam sido o que lemos se o tratamento tivesse funcionado de outro jeito.

Sidonie Csillag; ao passo que, ao jogar o jogo de seu pai, ele se faz chamar por ela, e a justo título, de "cretino" – veremos mais adiante que alcance dar a essa injúria). Assim, nesse silêncio ao qual a situação analítica a obriga, e mesmo polidamente jogando o jogo de fornecer a Freud algumas palavras suplementares como entregamos aos domésticos os restos da refeição, a fim de que ele a deixe em paz, a fim, também, de não evocar o assunto quente, a saber, Léonie von Puttkamer[24], ela demonstra, em ato, que conservava o domínio [*maîtrise*] da situação "psicanalítica".

Dona [Maîtresse] de sua sexualidade. Sidonie Csillag terá mantido seu domínio [*maîtrise*] sobre o que chamamos sua "sexualidade" da maneira mais intensa que seja; em outras palavras, atendo-se a uma relação com essa sexualidade que se formula simplesmente, em algumas palavras exclamativas: "Isso não!". Assim ela não tem nem de se ver confrontada com o interdito do *katapugon*, limite observável da sexualidade do mestre, lugar de sua destituição como mestre[25].

> Com nojo, atrás do qual aponta uma leve tristeza, ela fala do amor físico. Ela sabe que muito gozo lhe ficou inacessível. Como se exprimira o médico que a havia tratado no hospital de Wiener Neustadt, após sua terceira tentativa de suicídio, quando a bala passou a dois centímetros do coração? Ele compreendia qual era o problema dela. "Você é uma assexuada típica", lhe dissera ele, e ela só pode subscrever a esse julgamento. [...] Como ela achava horrível o lugar sombrio e a "coisa" ameaçadora entre as pernas dos homens! Como era angustiante, embora um pouco melhor mesmo assim, a praia úmida nas mulheres! Como era repugnante uma língua numa boca!

Seria forçar as coisas concluir que, em Sidonie Csillag, essa relação com o gozo, essa radical recusa[26] valia sintoma[27]? Que havia ali motivo para

---

24 I. Rieder, D. Voigt, *Sidonie Csillag...*, *op. cit.*, p. 70.

25 Jean Allouch, *Le Sexe du maître*, Paris, Exils, 2001.

26 Única exceção, sua aventura com Marie-Louise. Mas a exceção confirma a regra: ela não gosta de Marie-Louise, não sente ciúmes; aliás, foi Marie-Louise, que ela não acha especialmente bela, quem a "procurou".

27 Ela pode chegar até a acariciar; mas ser acariciada, isso não! (ver, por exemplo, p. 163).

uma demanda de análise que viria dela – como acontece, com mais freqüência do que imaginamos, a alguém poder enfim saber, ao termo de sua vida, em outras palavras tarde demais, o traço sintomático que, com efeito, teria merecido ser tratado pela análise para fazer dessa vida algo menos perdido? Pois bem, sim, pronunciar a esse respeito o palavrão "sintoma" seria, aí, fora do alvo. Quem tiver lido a obra de Ines Rieder e Diana Voigt só poderá apostar que, se fosse para recomeçar, Sidonie Csillag renovaria sua recusa da trepada, pelo fato de que essa recusa está perfeitamente ajustada a seu domínio.

Dona [Maîtresse] de seus animais domésticos. Talvez em nenhum outro lugar melhor que com seus animais Sidonie Csillag realize com felicidade sua posição de mestre. A morte de um deles faz com que fique muito seriamente de luto; e lembraremos também que é contra a afeição de um cão que vem se chocar e na qual acaba por fracassar a de Wjera, a segunda, diz ela, das três mais notáveis amadas de sua existência, Wjera que, vendo que Sidonie Csillag trata seu cão Petzi "mais como um amante que como um animal doméstico", exige, não agüentando mais, que ela escolha entre ela e o cão. Confrontada com sua recusa, Wjera vai deixá-la definitivamente pouco depois. Petzi foi o companheiro de Sidonie Csillag de 1940 a 1955[28].

Por mais dolorosa que tenha sido para Sidonie Csillag, essa ruptura nem por isso deixava de ser seqüência a uma esperteza sua: em sua relação com Wjera, ela usava a presença de Petzi como um impedimento real, uma vez que essa relação, quando se tornava carnal, não deixava de suscitar nela um dificilmente superável, depois um insuperável nojo[29]. É que essa relação

---

[28] I. Rieder, D. Voigt, *Sidonie Csillag...*, *op. cit.*, pp. 333-334. Uma página da obra é dedicada a Petzi e às relações por vezes difíceis que as amigas de Sidonie Csillag mantêm com seu "grande amor". Petzi é temido, e, aliás, sabe morder quando, por descuido, pisam-lhe no rabo. Sidonie Csillag também. Petzi, durante quinze anos, terá sido "seu companheiro mais importante", escrevem Ines Rieder e Diana Voigt. Acrescentemos que esta também tinha um cão e que na primeira vez que apresentou Ines Rieder a Sidonie Csillag esse cão estava presente.

[29] *Ibid.*, pp. 327, 331-333.

devia se manter num registro que era aquele em que Sidonie Csillag exercia exemplar e excelentemente seu domínio, no registro do amor.

Sidonie Csillag com efeito era um mestre, mas de um gênero particular, um mestre bem decidido a oferecer algo que merece plenamente ser chamado um *ensino*. Ela conta o que chamarei, usando um título de Ingmar Bergman, uma lição de amor.

De uma lição de amor

A quem se dirige essa lição de amor? A seu pai, como é tentado a pensar um freudiano, como Lacan parece confirmar? A sua mãe, tal como ela mesma parece sugerir? Mas responder assim seria nos atolar no psicologismo, nos desembaraçar rápido demais, corresponderia a não ver o que de resto temos sob os olhos, a saber, esse livro que, de fato, é dirigido a qualquer um que o ler. Não há razão alguma para atribuir menos ambição ao ensino de Sidonie Csillag que ao de Jacques Lacan ou de Buda. Seu endereçamento, como para todo ensino digno desse nome (inclusive, portanto, aqueles que jogam com a diferença esotérico/exotérico), é "qualquer um".

Em que consiste sua lição de amor? Entenderemos ao notarmos que, tratando de cada uma das três mais importantes amadas (e de algumas outras), uma mesma *configuração* está instalada e em ação. Nada diz melhor essa configuração que o instante do encontro amoroso, o do ficar apaixonado.

Léonie von Puttkamer. Seja, portanto, seu primeiro grande amor, esse fabuloso personagem de prostituta nobre: Léonie von Puttkamer. Sidonie Csillag tem dezessete anos; num passeio com sua amiga Xenia Afenduli, ela encontra um casal de amigas que passeiam de braços dados, fica imediatamente apaixonada por uma delas, "ao passo que acha a outra gorda e feia[30]". Algumas palavras de Xenia Afenduli relativas a esse casal de amigas avistadas vão pela primeira vez deixá-la a par, dando-lhe um nome capaz de designar a atração que ela sempre sentiu por mulheres. Sutilmente, às duas

[30] I. Rieder, D. Voigt, *Sidonie Csillag..., op. cit.*, p. 18.

amigas que a questionam, ela não diz qual é esse nome. Mas talvez essa sutileza seja de suas duas interlocutoras? O fato é que ela está ali.

Este traço – *ficar apaixonada por uma das duas mulheres de um casal de mulheres* – é fortuito, vale como um hápax ao qual não conceder nenhum alcance? A seqüência nos dirá que não. Seqüência na qual podemos incluir o último encontro: a amiga de Léonie von Puttkamer, ao surpreender as duas mulheres se beijando, ameaça a rival de denunciá-la à Gestapo[31]. É ela, Sidonie Csillag, quem, desta vez, cedendo à chantagem, é forçada a desaparecer.

Wjera Fechheimer. Ela se apaixona quando a vê aparecer, durante uma recepção, logo atrás de outra mulher com a qual ela faz a sua entrada. Sua beleza a impressiona, como imediatamente a emudeceu a de Léonie von Puttkamer. Para sua conquista, ela porá em ação os mesmos estratagemas. E a outra mulher, que, desta vez, é a mãe da amada, levará seis meses para entender que o interesse que Sidonie Csillag tem por ela não visa a ela, mas a sua filha. Quando, enfim, durante um jantar, ela abraça apaixonadamente Wjera, esta lhe responde, falsamente interrogativa (ela sabe que Sidonie Csillag é casada): "Como você pode fazer isso com seu marido?". O que provoca esta inevitável resposta: "Ele tem a mulher que ele ama. Eu não". Já dissemos em que ponto esse amor de Wjera se rompeu.

Contar quanto alguém tem de amores numa vida às vezes não é coisa tão fácil. Talvez haja espanto por eu não mencionar agora o que a própria Sidonie Csillag apresenta como seu terceiro "grande amor" (a lista dela comportava, portanto, três), a saber, Monique, por quem ela se apaixona mal a vê aparecer, tão bela, durante uma recepção (ela tem setenta anos e Monique cinqüenta). Mas esse amor foi tão etéreo, tão idealizado, dispensando tão facilmente toda manifestação oriunda da amada que talvez não seja muito pertinente aceitar ingenuamente a declaração de amor que ela lhe escreve, dizendo-a, nessa carta, seu "último grande amor". Como todas as palavras de Sidonie Csillag, estas também são *estratégicas*. Logo veremos que essa posição de exceção de Monique nos amores de Sidonie Csillag, que esse amor que não atende à configuração dita acima (expulsar de seu lugar, tomando-o, uma das amadas do casal), que a idolatria de que Monique é

---

[31] I. Rieder, D. Voigt, *Sidonie Csillag...*, *op. cit.*, p. 249.

objeto terão permitido que se formule mais de perto a lição de amor de Sidonie Csillag.

Mais uma vez, com uma denominada Dora, é essa configuração que, no entanto, se apresenta. Dora mantém "uma estreita amizade" com uma aristocrata, coisa que interessa "sobretudo" Sidonie Csillag. Aqui, também, o amor como veneração é sensível, a ponto de a ruptura ocorrer quando Dora, de maneira infeliz, recusa o sinal por excelência dessa veneração que lhe oferece Sidonie Csillag, a saber, orquídeas. Dora pede ao florista para trocar as orquídeas recebidas por tulipas; ao saber disso, Sidonie Csillag rompe imediatamente.

Ines Rieder e Diana Voigt. Mais notável é, a meu ver, o derradeiro encontro com duas amigas, as autoras às quais devemos a possibilidade de ler a lição de amor de Sidonie Csillag (ela tem então noventa e seis anos). Graças às suas questões, o livro anunciado a Monique vai poder se escrever (bem entendido, não inteiramente o mesmo). E sua lição vai poder ser transmitida. Vê-se a configuração de três mulheres uma derradeira vez em ação, mas, doravante, de maneira "apaziguada[32]": não está mais em questão para Sidonie

[32] I. Rieder, D. Voigt, *Sidonie Csillag...*, *op. cit.*, p. 375. "Apaziguada"... contanto que a respeitem. O que foi confirmado por ocasião do giro de Ines Rieder na França para o lançamento da obra. Em 18 de janeiro de 2004, eu recebia, com efeito, um incendiário e-mail de Diana Voigt que dizia: "I have to tell you that I am very unhappy, disappointed and even angry regarding the ongoings around the presentation of our book in France. I had a very tight fall with many difficult personal issues to take care of, then I was the last month travelling in South America, thus I could unfortunately not take care of anything around Sidonie en France, and Ines had to step in. [...] With my return two days ago (16.1.) I had to learn that everything was settled and the entire France presentation will be made without me! This is entirely disrespectful and offending towards me! [...] fortunately Sidonie's life began to spread out in the world. Now in the french world which is (or could have been) a great joy and satisfaction for me. But... This book had been researched and written by *two* authors, it is a project of friendship and enthousiasm! I am not accepting your attitude to divide us as authors and to act out a sense of saving money and a rigid timetable towards me. If a book had been made by two persons both persons *have to be invited* to present the work, there is no option to save money in this case! Everything else is like a violation of the Work and Copyright of the one author left out! Plus you have to respect and take care of the time schedule of both authors" (Os itálicos são de Diana Voigt.). Informada do caráter

Csillag tomar o lugar de uma das duas mulheres, mediante o que a lição de amor à qual sua vida foi dedicada, que essa vida exemplifica, vai poder ser dita de uma maneira que fique mais audível a qualquer um. O terceiro afastado, mas rogado a receber a lição, é, doravante, cada leitor da obra assim produzida por três mulheres, ou, mais exatamente, duas mais uma.

O que essa lição indica a elas, que ela supõe poder entender? Que

> a única relação que ela aparentemente nunca pôde desfazer é a relação com Wjera. Essa mulher, que foi talvez seu único verdadeiro amor, não sai nunca dos seus pensamentos. Com muita freqüência, Sido repete a frase: "Não passo um dia sem pensar nela[33]".

Daí a importância do ponto de tropeço desse amor, a saber, Petzi. Não poderia haver tal incompatibilidade entre "o amor Petzi" e "o amor Wjera", esses dois amores só poderiam ter-se apresentado como ligados entre si pelo *vel* exclusivo dos lógicos – o que é confirmado pelo real da ruptura do amor Wjera – na medida em que resultavam de um mesmo registro, no que eram da mesma ordem. Valendo mais que tudo, triunfante, o amor Petzi indica do que se trata, diz o teor da lição de amor: amar alguma (alguém) é fazer-se seu cão[34]: estar sempre ali, fiel em sua espera, dançar de alegria quando a pessoa chega, presente a qualquer de seus apelos, segui-la docilmente, sentar-se a seus pés, remexer-se de felicidade sob suas não eróticas carícias, manifestar-lhe um devotamento sem falha, significar-lhe que não está só no mundo.

Esse amor cão confirmaria o patriarcado? O conluio, na família, das duas figuras, do pai e do mestre? A questão se coloca ao lermos estas palavras de Thomas Mann (um dos autores favoritos de Freud):

---

imperativo dos encontros marcados, e devidamente ela também convidada, Diana Voigt podia responder: "I am sure Ines will be a wonderful voice of the author's team and can tell everything of the long history of this project". Constatamos: não estava em questão que por um instante viesse à luz a idéia de que esse livro poderia ter sido escrito de outra forma que por *duas* mulheres.

[33] I. Rieder, D. Voigt, *Sidonie Csillag...*, *op. cit.*, p. 391.

[34] Quando Sidonie Csillag, da cabine telefônica, espia Léonie von Puttkamer pouco antes de fazer um primeiro gesto em sua direção, o que ela vê aparecer? A baronesa, "freqüentemente em companhia de um enorme cão-lobo" (*ibid.*, p. 21).

> Há, no cão, um instinto patriarcal de origem muito antiga e que o determina, pelo menos nas raças mais viris, as que vivem ao ar livre, a ver e a reverenciar no homem, no chefe da família e da casa, o mestre absoluto, o protetor do lar, o chefe, a pôr a dignidade de sua vida em certa relação de obediência amigável e devotada, e a guardar em relação aos outros membros da família uma independência muito maior[35].

O amor de seu cão oferece ao mestre a efetividade de um instinto *domesticado*. O amor cão é pacificador; ele satisfaz o "princípio de prazer". Sabemos, no Freud da segunda tópica, a importância dessa domesticação das pulsões. Seria por aí, sobretudo, que não haveria mais belo amor que o de um cão?

É preciso aqui inverter o provérbio e dizer: "Tal cão tal dono [*maître*]".

Daí se deduz a proposição: "Um mestre é amável". O amor do cão torna amável o mestre (o que, portanto, como imaginamos, não é evidente por si só). Daí se deduz, sendo Sidonie Csillag um mestre, o caráter narcísico de seus amores. Essa proposição, decerto, confirma o que a psicanálise afirma quanto ao amor; mesmo assim convém entendê-lo em função da retificação trazida por Lacan ao narcisismo amoroso doravante aceito como um modo de acesso ao ser. O acesso narcísico de Sidonie Csillag a seu ser passa primeiramente por Léonie von Puttkamer, o que se inscreveu simbolicamente na própria escolha de seu prenome: SidONIE/LéONIE, uma escolha propriamente "simbólica" (no sentido em que o significante é apagamento do rastro, não no sentido de uma pretensa "ordem simbólica"), uma vez que ele acaba sendo apagado pelo uso do diminutivo "Sido". "Csillag": "estrela", "astro". É uma luz sobre o amor que, com sua vida, Sidonie Csillag nos oferece.

Afastado, mas jogado para não muito longe, o terceiro é rogado a ouvir: "Veja como se ama uma mulher. Veja como ama uma mulher: como um cão". Um cão que, por se metamorfosear na oportunidade em gentil cavalheiro, nem por isso deixa de continuar cão.

Por seu lado escandaloso, ou talvez apenas escabroso, essa lição com certeza não podia ser dita tão abertamente; bem antes, mas sobretudo, para

---

35 Thomas Mann, *Maître et chien* (*Herr und Hund*), traduzido do alemão por Geneviève Bianquis, Paris, Grasset, 1971, p. 29.

ser melhor dita, com mais força, ei-la posta em ato, vendo-se o amor, com isso, marcado pelo traço da exemplaridade, sendo constituído como um amor "para o exemplo[36]". Isto exceto o caso, único, do amor por Monique, no qual a ausência aparente de um terceiro (mas Monique tem um cão, chamado Fifi) permite que a cachorrada amorosa explicitamente se diga, ou melhor, se escreva[37] (só a carta de amor, e não a conversa mole apaixonada, era considerada por Lacan como séria):

> Eu gostaria de estar no lugar de Fifi: estar sentada a seu lado, pôr a minha cabeça em seu colo. Se eu fosse Fifi, você acariciaria com sua mão graciosa... Mas infelizmente eu não sou Fifi!!!!!!!!

Os oito pontos de exclamação que pontuam essa declaração de amor marcam o sentimento de uma discreta ultrapassagem, dizendo isto, da barreira do pudor, dizem o desvelamento de seu teor. Amar como um cão ama é saber amar; é comportar-se como mestre. O cão se afigura mestre [dono]

---

[36] Título de outro célebre filme, assinado por Joseph Losey. Mas também traço pelo qual Sidonie Csillag confirmaria a aproximação efetuada por Lacan entre seu amor por Léonie von Puttkamer (que ele só conheceu como "a dama") e o amor cortês. Em seu *De arte amandi*, André Capelão põe em cena um "cavaleiro bretão" (não nomeado de outro modo), dirigindo-se à corte do rei Arthur a fim de entregar à dama de seus pensamentos "o falcão vitorioso". O cavaleiro bretão enfrentará muitas provas, mas, uma vez vencida a última, aquela graças à qual ele obtém o direito de se apossar do falcão (assim como dos dois cães que estão perto desse falcão, daí nossa questão: trata-se de um deslocamento metonímico, tratava-se de ser dono dos cães?) sem atrair para si a hostilidade dos cavaleiros da corte. No momento de fazê-lo, ele vê um pergaminho, pergunta de que se trata, fica sabendo que nele estão inscritas as regras do amor que o próprio rei Arthur editou para os amantes. Informam-no de que deve comunicar essas regras aos apaixonados, se quiser levar em paz o falcão. Em outras palavras, a realização de seu amor pela dama não funciona se ele mesmo não se fizer o propagador dessas regras que seu amor vai respeitar. Jean Markale, que apresenta essas regras numa perspectiva antropológica jungiana (*O amor cortês ou o casal infernal*, Paris, Imago, 1987), menciona também, em seu capítulo "A lei do amor", o primeiro livro do *De arte amandi*, em que estão editados os treze preceitos de amor. Amar é fazer parte de uma confraria, a "cavalaria de amor", hoje diríamos de uma "comunidade". Não se ama de qualquer maneira, uma vez que esse próprio amor tem a ver com uma comunidade. Reciprocamente: uma das raízes comunitaristas não residiria na escolha de uma certa figura do amor?

[37] I. Rieder, D. Voigt, *Sidonie Csillag...*, *op. cit.*, p. 372.

do mestre como se pôde dizer da criança, que por sua existência mesma o fez tal, que é o pai de seu pai (daí o costume que mandava lhe atribuir um prenome de um dos avôs). Entretanto, seria um erro, entre os lacanianos, acolher esse domínio [*maîtrise*] do cão como uma permuta dos papéis, assinalando a incidência de uma fantasia ($\$ \diamond a$). No discurso do mestre, precisamente não há a menor fantasia, o que Lacan teve o trabalho de precisar ao alojar uma cunha entre as letras e pequeno *a* na escrita formal desse discurso:

$$\frac{S_1}{\$} \quad \xrightarrow[\Lambda]{} \quad \frac{S_2}{a}$$

E nada mais justo que o uso intransitivo do "você acariciaria...". Seria uma perna, ou, como sugerem a frase e a ideologia da reciprocidade amorosa, um joelho? Mas, para Sidonie Csillag, a perna não é uma zona erógena; ela explica melhor as coisas a Ines Rieder e Diana Voigt: "[...] as pernas são neutras[38]". E, sobretudo, alojar qualquer complemento de objeto que seja após o "você acariciaria..." seria maltratar o texto dessa carta de amor. Nenhuma *carne* ali está sendo dada a acariciar quando um mestre [dono] acaricia seu cão. E a reação que seu mestre disso espera não é de gozo do Outro, nem tampouco da ordem de um *Vorlust* (Freud), de um crescente gozo preliminar, mas, simplesmente, de prazer, de contentamento.

A preciosa indicação "as pernas são neutras" permite situar o exato alcance do episódio do trem[39]. Adormecida, Sidonie Csillag de repente sente uma mão sobre a perna, desejando que essa mão, da qual ela não quer saber a quem, homem ou mulher, pertence, limite-se a ficar ali, sobre a sua perna. Tudo soa correto nesse relato: trata-se de uma mão de mestre, nem masculina nem feminina, de um puro ato de domínio [*maîtrise*] (puro, pois diz respeito a uma desconhecida, pois nenhuma história pretensamente comum o prepara nem o justifica), o qual lhe proporciona um inigualável sentimento de felicidade. Sidonie Csillag, ou a erótica feita domínio.

O amor de um animal, que psicanalista por isso se interessou? No entanto, são milhões, na França notadamente, a amar assim, alguns che-

---

[38] I. Rieder, D. Voigt, *Sidonie Csillag...*, *op. cit.*, p. 178.

[39] *Ibid.*, p. 296.

gando até a nos assegurar que não há mais tocante, mais satisfatório, mais tranqüilo, mais seguro amor. No meio dos anos sessenta do século passado, nos Estados Unidos, três bilhões de dólares eram gastos com os animais domésticos. Estamos, hoje, em seis bilhões, me informa Ines Rieder.

Há muitos cães nas suntuosas fotos reproduzidas na obra de Diana Voigt e Ines Rieder: quatorze exatamente. Tantos quanto tiveram os Freud? Houve Wolf, um pastor alemão oferecido a Anna por seu pai; Lün, presente de Dorothy Burtlingham a Sigmund Freud, *chow-chow* procurada durante três dias depois que Eva Rosenfeld a deixou escapar na estação de Salzburgo, encontrada atropelada; Anna Freud escreveu a esse respeito: "Nós levamos a sério a pequena Lün, tanto na morte quanto na vida[40]". Mas, mais estranho ainda a nosso ver, essa prática, na casa dos Freud, de atribuir um mesmo nome (Lün, notadamente) a outro (a vários[41]?) *chow-chow* futuro[42]. O que acontece com a problemática freudiana dita do objeto substitutivo uma vez que vários corpos vivos, mortais, se vêem subsumidos sob um mesmo nome? O que acontece com o luto freudiano considerando tal prática? Podemos de agora em diante reler "Luto e melancolia" desprezando-a? Ao lermos a correspondência de Anna Freud com Eva Rosenfeld, isso parece bem excluído. O que fazem todos esses cães junto aos Freud, Sigmund e Anna?

Sigmund Freud se fez cão bem antes de assumir o papel de *pater familias* numa casa com cães. Sabia ele que estava então endossando as roupas, ou antes, a pele peluda de Diógenes o cínico (*kunikos*), que passeava como um cão (*kuôn*) pelas ruas de Atenas[43]? Suas cartas a Eduard Silberstein,

---

40 A. Freud, *Lettres à Eva Rosenfeld*, *op. cit.*, p. 158. Em sua carta a Eva Rosenfeld de 24 de maio de 1930, Anna confiará à amiga que seu papai sente "muitas saudades" de seus cães. Nessa carta, ela se identifica clara e explicitamente como cão. A carta, com efeito, começa assim: "O único cão que temos aqui é o evocado por meu humor desde o início da semana [logo: um "humor de cão"]. Depois, de repente me dei conta de que era pura perda; agora, remonto em direção às espécies animais superiores, e me tornei de novo quase humana".

41 Um outro *chow-chow* chamava-se Jofi (*ibid.*, p. 258). Vários *chows-chows* teriam sido chamados Jofi: "bonito", em hebreu.

42 A. Freud, *Lettres à Eva Rosenfeld*, *op. cit.*, p. 251, carta 52 de 25 de agosto de 1932, em que se lê: "Lün se encarrega de nos tranqüilizar e nos reconforta após o trabalho".

43 "Durante um jantar, jogaram-lhe ossos como a um cão; então, aproximando-se dos convivas, ele mijou neles como um cão". Será por causa de tais réplicas (Diógenes Laércio

seu amigo de juventude, são assinadas Cipión, ao passo que o amigo, nessa "acadêmica" comunidade de dois adolescentes, é chamado Berganza[44]. A *Academia española* (A.E.), ainda designada como *Spanische Sprach-Schule* (SSS, reconheçamos aí, sem timidez, nosso Sujeito Suposto Saber: SsS, o qual se deixa imaginarizar na figura do "cão sábio") foi a primeira instituição criada por Freud, um rascunho, de certo modo, da IPA. Os dois amigos tiraram seus nomes de Cervantes, de dois contos que se seguem: "El casamiento engañoso" ("O casamento enganador") e "Coloquio de los perros" ("Colóquio dos cães[45]"):

COLOQUIO DE LOS PERROS

nos oferece uma enorme quantidade) que Platão acabou dizendo dele: "É um Sócrates que ficou louco"? (Diógenes Laércio, *Vie, doctrines et sentences des philosophes illustres*, tradução, notícias e notas por Robert Genaille, Paris, Garnier Flammarion, 1965).

44 S. Freud, *Lettres de jeunesse*, traduzidas do alemão por Cornélius Heim, Paris, Gallimard, 1990. Breve se dirá que este "traduzidas do alemão", que vale erro factual já que uma parte do texto está escrita em espanhol, infelizmente é apenas verdade demais.

45 Miguel de Cervantes Saavedra, *Novelas ejemplares*, Bogotá, Panamerica editorial, 2002. A imagem aqui apresentada é tirada dessa edição, que a reproduz da primeira edição. Para uma edição crítica, estabelecida a partir do texto da primeira edição (1613) e preocupada em ajudar seu leitor nas armadilhas do antigo espanhol, ver: edición Florencio Sevilla Arroyo y Antonio Rey Hazas, Biblioteca austral, Barcelona, Espasa Calpe, 2001.

Na introdução à correspondência (mas só foram conservadas e publicadas as cartas de Sigmund), Walter Boehlich observa que Freud só teria lido uma parte do "Colóquio dos cães" (ele se qualifica de "cão no hospital de Sevilha", embora se trate do de Valladolid, mas vários episódios da vida de Berganza – dentre eles o que Freud teria lido – de fato aconteceram em Sevilha, na época uma cidade de modos tão depravados que também a designavam como a nova Babilônia). O fato é que a analogia desse colóquio singular de dois cães com o dispositivo psicanalítico não pode passar despercebido. Como Sigmund e Eduard vão fazer, Cipión e Berganza, em Cervantes, tomam um grande cuidado em manter suas conversas fora da presença de um terceiro (*Perro advierte primero si nos oye alguno*[46]) e dividem os papéis: um contará a sua vida, o outro escutará, mas ativamente (Berganza: [...] *y si te cansare lo que te fuere diciendo, o me reprehende o manda que calle.* Cipión: [...] *te escucharé de muy buena gana, sin impedirte sino cuando viere ser necesario*). Certo, no início do colóquio, uma inversão dos papéis é imaginada, mediante o que a conversa canina se tornaria recíproca[47]; não vai ser nada disso, no entanto – outro traço comum com o dispositivo psicanalítico. Um quarto se apresenta, mais difícil de isolar no entanto. Trata-se da relação com a linguagem, dessa relação que esmagamos e que assim perdemos ao definirmos o ser humano como ser (ou sujeito) falante. Como se falar fosse natural, fosse evidente, pertencesse sem a menor resistência à essência do homem. Não é uma evidência? Identificar-se como cão oferece a grande vantagem de desestabilizar esse lugar-comum (no que Lacan se empenhava, dizendo que tomar a palavra é um ato, e dos mais difíceis). Para falar a verdade, esse "Colóquio dos cães" aparece de uma ponta à outra como uma meditação devida ao espanto suscitado, em Cervantes, pelo falar como tal. Essa meditação chega até a colocar essa questão ao designar o que seria a "cena primária" do acontecimento de fala: encontraria ele a sua origem, talvez até a sua razão, numa mãe que seria uma

---

46 Página 271 da edição Florencio Sevilla Arroyo y Antonio Rey Hazas.

47 As palavras de Serge Gainsbourg "Quem leva o cão para passear está na ponta do laço" não implicam, tampouco, nenhuma necessária reciprocidade. Elas não dizem – maravilhosa equivocidade – que essa ponta é aquela que é segurada por aquele que leva o cão para passear.

feiticeira? De quem a criança cão seria uma criança humana metamorfoseada? Notemos aqui o pouco caso que a psicanálise lacaniana fez até aqui desse modo de subjetivação que se chamou "metamorfose", parecendo supor que nada ali é suscetível de se revelar de uma ordem diferente daquela do significante.

No início do "Colóquio dos cães", eles se interrogam. Descobrem-se falando e acolhem o acontecimento como um milagre:

> BERGANZA – Cipión hermano, óyote hablar y sé que te hablo, y no puedo creerlo, por parecerme que el hablar nosostros pasa por los términos de naturaleza.
> CIPIÓN – Así es la verdad, Berganza; y viene a ser mayor ese milagro en que no solamente hablamos, sino en que hablamos con discurso, como si fuéramos capaces de razón, estando tan sin ella, que la diferencia que hay del animal bruto al hombre es ser el hombre animal racional, y el bruto irracional[48].

Falar é inaudito. Falando, um cão não pode ignorá-lo. Ele não pode ignorar tampouco, e uma coisa implica a outra, que, mesmo falando, ele nem por isso se torna um "animal racional", em outras palavras, um homem. O homem tampouco, aliás, já que sua linguagem lhe abre amplamente as portas da desrazão – o que sua definição como "animal racional" ignora. O homem pode, no melhor dos casos, reivindicar o que Berganza replica às palavras de Cipión que acabamos de ler (o regime lógico é o do "não todo" lacaniano):

> [...] tenemos un no sé qué de entendimiento capaz de discurso.

Contra o uso editorial, recuso-me aqui a traduzir em francês essas palavras, tomando assim ciência da cólera que me habita desde que entrevejo (faltam os dados) como as de Freud em espanhol foram maltratadas. O espanhol de Sigmund Freud adolescente, *aliás* Cipión, é a língua da intimidade, do segredo partilhado, da poesia, aquela, também, em que podemos

---

48 M. de Cervantes Saavedra, *Novelas ejemplares...*, *op. cit.*, p. 268.

nos autorizar a criar palavras, notadamente hispanizando, de qualquer jeito, termos latinos, franceses, termos vindos de outras línguas sem nos sentirmos obrigados a ir corrigir a invenção com a ajuda desse órgão normalizador das línguas que chamamos "dicionário". O espanhol de Sigmund Freud é aquela língua em que vêm ser depositados numerosos jogos translingüísticos, a língua, também, em que se diz o primeiro amor (Gisela). É, mais gravemente, mais desastrosamente, a língua cujo abandono abre para uma nova era "que não precisa de nenhuma poesia, de nenhuma fantasia[49]". Ora, como Walter Boehlich trata essa língua quando tem de passá-la para o alemão (e o francês, sem bronquear, seguirá)? Achando-a "muito pouco correta", não apresentando "sempre um sentido unívoco", Sigmund Freud revelando-se a seus olhos não ter palavras, o editor alemão decide não buscar "traduzir o esquisito espanhol de Freud". Ele declara, em nome de nosso bem: "A tradução literal teria sido a solução mais fácil, mas teria dado ao texto de Freud um ar de resmungo, deixando ao leitor o cuidado de entender o sentido de uma expressão incerta". Seria preciso agradecer-lhe por ter assim apagado a dimensão propriamente significante dessas cartas de Freud, a cachorrada de sua relação de então, cervantesca, com a linguagem[50]?

Como podemos esperar, está em questão o amor cão nesse "Colóquio", um amor exemplar quanto à fidelidade. Uma escultura de cão, lembra Cipión a Berganza, figura sobre as sepulturas junto às estátuas de alabastro que representam marido e mulher; ela vem aqui indicar a indefectível ami-

---

49 Citado sem referência precisa por W. Boehlich em sua "Introduction" à S. Freud, *Lettres de jeunesse*, *op. cit.*, p. 25.

50 Os hispanófonos são mais privilegiados: *Hay que señalar como particularidad de la edición española que es la única que confronta al lector directamente con las asperezas del peculiar castellano de Freud. En las traducciones inglesa, francesa e italiana los pasajes castellanos van acompañados de, o están sustituídos por las traducciones basadas en la reconstrucción alemana de estos pasajes, realizada con gran sensibilidad por el editor alemán, Walter Boehlich, y que devuelve a estos textos la fluidez y elegancia características del estilo de Freud. No parecía procedente presentar dos versiones castellanas, la propia de Freud y otra elegante, para usar la expresión de Walter Boehlich, pero en sentido inverso, creo que el lector español sí debe, y puede perfectamente, hacerse cargo del trabajo de compreender el castellano de Freud. De hecho, las expresiones realmente enigmáticas son muy escasas.* (Ángela Ackermann Pilári, Sigmund Freud, *Cartas de joventud*, Barcelona, Gedisa, 1992).

zade que os ligava vivos. E Berganza lhe responde que houve cães que morreram junto com os donos [*maîtres*], jogando-se no fogo que os consumia, ou morrendo de fome por não poderem deixar o túmulo.

Amar, ser amado(a) como um cão exclui todo contato propriamente erótico (não há outra, não há mais maravilhosa erótica que a da mão do dono). E só podemos ficar espantados com a estrita submissão de Sidonie Csillag ao interdito aqui em ação, o da bestialidade, o de uma relação carnal que ultrapassaria a barreira das espécies. Seu "nada disso!" afigura-se perfeitamente conveniente, se o amor que ela nos ensina é bem o que eu digo. E espantados também (se não fossem suas posições políticas conservadoras) ficamos com a conformidade de sua submissão ao interdito da bestialidade com a lei austríaca da época que, numa mesma condenação, associava "relações lésbicas[51]" e zoofilia.

Única superação desse interdito na obra, a divertida passagem dos dois peixinhos. Desta vez, é Léonie von Puttkamer quem se comporta como Sidonie Csillag, ficando apaixonada por uma mulher escolhida num casal lésbico. Léonie von Puttkamer "sabia mimar sua nova amante", Carola Horn. Léonie von Puttkamer não tem lição de amor alguma a dar a quem quer que seja, por isso as duas mulheres podem viver "noites tempestuosas", ofertadas, de manhã, sob forma de relato, a Gisela Spira, a governanta de Léonie von Puttkamer, assim tomada como testemunha. A qual governanta (que se verifica mais de uma vez merecer seu título) não recusou, na oportunidade, ampliar o repertório erótico delas oferecendo-lhes "dois peixinhos cinzentos um pouco perdidos", entendam, em termos de hoje: um consolador, de um gênero decerto inédito, mas muito na moda entre as damas vienenses. Ao preço da vida, sucessivamente jogados no bidê do banheiro enquanto, nua, cada uma das duas amantes o cavalgava, os peixes, brilhantemente, foram usados, com sucesso, no que se esperava deles. Riu-se muito.

Mas a bestialidade não tem aí seu lugar de eleição, entre "essas damas", e tampouco para Sidonie Csillag (que não era do ramo). A bestialida-

---

[51] I. Rieder, D. Voigt, *Sidonie Csillag...*, *op. cit.*, p. 83. Podemos, na oportunidade, usar contra uma delas (no caso, Léonie von Puttkamer) fofocas sobre relações sodomitas com um cão (*ibid.*, p. 121). O domínio faz fogo de qualquer madeira, chantagem igualmente, na oportunidade, que ela não condena.

de é o comportamento dos homens para com as mulheres, com o que muitas delas sabem jogar, tirar proveito (afinal é preciso viver, dar o troco à sociedade, e eles têm dinheiro), mas que lhes dá um insuperável nojo. Assim, evocada, a lembrança do primeiro beijo que Sidonie Csillag recebeu de um homem faz surgir, em sua boca, a palavra "bestialidade"[52]. O acontecimento deve ser confrontado com esse outro beijo que Sidonie Csillag dava nas narinas de sua égua de Bangkok que tinha um cheiro delicioso[53]. Entre essas damas, a bestialidade se fez homem – a não ser que fosse o inverso. A violência das palavras que uma Léonie von Puttkamer endereça àquele que ela explorou até o limite extremo e enganou por um tempo sobre suas capacidades sexuais torna praticamente amigáveis as palavras atuais que pudemos ouvir proferidas pela chefe de um grupo quanto ao qual não nos espantaremos mais, aqui, que se denomine Zoo. Albert Gessmann, esposo de Léonie von Puttkamer, mais grosso impossível, tinha, é verdade, feito tudo para merecer o que Léonie von Puttkamer não lhe mandara dizer. Perfeita na cuspida de seu veneno, ela o apresenta a ele mesmo sob forma *escrita*, o que acentua a violência, dizendo-lhe suas verdades cruamente, visando os pontos que deviam ser os mais sensíveis e que o eram de fato: seu orgulho, seu *status* social, sua capacidade de fazer gozar uma mulher[54]. Sidonie Csillag, nesse ponto, não fica devendo: ela joga na cara desse marido, que, ele também, havia bem merecido ser tratado assim, todo o nojo que ele lhe inspira e, de uma maneira tão brutal quanto não prevista por ele, o desilude sobre as suas capacidades de amante[55].

Sobre uma pretensa "passagem ao ato"

Notavelmente, as três tentativas de suicídio de Sidonie Csillag, das quais a primeira foi vista por Lacan como uma "passagem ao ato", ocorrem

---

[52] I. Rieder, D. Voigt, *Sidonie Csillag...*, *op. cit.*, p. 150.

[53] *Ibid.*, p. 350. Tradução antropomórfica: "as narinas"!

[54] I. Rieder, D. Voigt, *Sidonie Csillag...*, *op. cit.*, pp. 120-121, 123.

[55] *Ibid.*, pp. 215-317.

em circunstâncias em que se encontra a sobredita configuração a três. Tratava-se bem de uma (ou de três) passagem(ns) ao ato? Pois bem, não.

Primeira tentativa de suicídio, a mais conhecida, ou mais mal conhecida, dos leitores de Freud e de Lacan. Durante um passeio, o casal formado por Sidonie Csillag e Léonie von Puttkamer vê-se, do outro lado da rua, em presença do pai de Sidonie Csillag, um pai que esta supõe primeiramente prestes a vir lhe pedir contas. Não discutirei aqui a veracidade do relato de Sidonie Csillag, o que Thomas Gindele fez muito bem. Todas as suas palavras, eu disse, são estratégicas, função de sua lição de amor, e não vemos por que esse relato o seria menos. Ao passo que Freud e Lacan ligam o gesto dela ao encontro com o olhar dito "irritado" do pai, seu relato o associa à observação de Léonie von Puttkamer, recusando-lhe, em resposta à sua fuga, esse amor que ela lhe propõe, mas que se afigura, nesse instante, um amor sob condição de não ser publicamente declarado (jovenzinha, Sidonie Csillag ainda tinha alguns progressos a fazer na realização de seu domínio):

> – [...] eu gostaria que todo mundo soubesse, mas...
> – É precisamente por causa desse "mas" que é preferível que não nos vejam juntas. Vamos, circule, e boa sorte.

Jogar-se por cima do parapeito da via férrea vai lhe permitir recuperar o domínio da situação por um instante perdido: seu pai não a punirá severamente e, tocada, Léonie von Puttkamer voltará para ela. O que aconteceu? Tal um mestre hegeliano, Sidonie Csillag corre o risco de morte e (re)conquista assim seu domínio. Por mais derradeiro que tenha podido ser, seu gesto não deixa de estar em perfeita conformidade e continuidade com o que ela faz ao amar Léonie von Puttkamer. Não há aí nenhuma dimensão de "cena sobre a cena", nenhuma estranheza (*Unheimlichkeit*), nenhuma disparidade subjetiva (tipo as irmãs Papin declarando não terem nenhuma queixa contra as duas mulheres que elas acabam de massacrar), nenhum sentimento de que, imprevisto, o ato vem de outra parte, mediante o que identificá-lo como uma passagem ao ato afigura-se uma errância. Seu gesto oferece a Sidonie Csillag exatamente o que ela quer, o que ela sabia querer e o que ela continua a querer. Ele não apresenta nenhuma medida comum com o das irmãs Papin[56].

Acontecerá o mesmo com sua segunda tentativa de suicídio, desta vez pelo veneno. Ela acontece num momento em que Sidonie Csillag deve render-se à evidência de que não pode amar Léonie von Puttkamer como ela entende, tê-la "só para si[57]", que, além disso, a baronesa não é exatamente a mulher a quem ela deseja servir e adorar. No momento em que a baronesa (que, cuidadosamente, deixava Sidonie Csillag ao abrigo de seus brinquedos sexuais[58]) parte para Berlim, ei-la claramente em posição de terceiro excluído, abandonado. Mas, em seu acesso a um domínio assumido, seu próprio gesto, o risco que ela corre, vai lhe permitir restabelecer-se de maneira perfeitamente adaptada à situação: em vez de sofrer a perda de sua amada, ela mesma, recuperando o domínio da situação, a rejeitará. Ela telegrafa à baronesa, assinando com o nome de seu pai: "Pedido para cessar todo contato com minha filha". Ter assumido o risco de morte lhe permite contra-assinar, para assim dizer, a separação.

---

56 Ela escreve uma carta de amor à baronesa ao sair de sua convalescência e obtém um encontro. Esperta, a baronesa vai a ele, mas... não sozinha, em companhia de sua amiga Klara Waldmann (I. Rieder, D. Voigt, *Sidonie Csillag...*, *op. cit.*, p. 31). Assim Léonie von Puttkamer sabia manter Sidonie Csillag à boa distância ao recompor a configuração a três, como logo calçamos os esquis após uma queda. De modo algum a baronesa podia admitir a lição de amor de Sidonie Csillag, que implicava um desmantelamento parcial dessa configuração. "Iniciadora" prudente e atenta, ela queria que Sidonie Csillag constantemente soubesse de sua recusa desse desmantelamento. Ela lhe manifesta isso em ato, ao oferecer, por exemplo, os poemas que lhe endereça Sidonie Csillag a tal de suas aventuras (*ibid.*, p. 37), ou ainda ao forçá-la a ler para ela, em certas tardes, uma obra bem licenciosa que faz tremer de horror e de nojo Sidonie Csillag (*ibid.*, pp. 38-39). Não era preciso menos, com efeito, para "manter" o amor de Sidonie Csillag a uma boa distância. E prova também, se fosse preciso, mas Freud já o reconhecia, que, para ser uma prostituta, não se deixa de pôr em ação, na oportunidade, um comportamento altamente moral: jamais a baronesa a toca nem a introduz no grupo de suas relações e de seus brinquedos. Ela havia perfeitamente entendido que se tratava, com e para Sidonie, de amor, apenas de amor.

57 *Ibid.*, p. 129.

58 *Ibid.*, p. 37.

Da mesma forma com sua terceira tentativa de suicídio. Sidonie Csillag está a ponto de se casar, além do mais não com o rapaz que ela ama, mas com o amigo do dito rapaz, ou, mais exatamente, seu cúmplice na sua veleidade de conquistar Sidonie Csillag (mais uma situação a três). Esta estava cedendo, nessa no entanto sua iniciativa, em seu desejo. Ines Rieder e Diana Voigt escrevem:

> No entanto, ali também, ela vai encontrar uma saída – radical, como sempre quando está encostada no muro e tem medo de dizer a verdade a seu pai[59].

A bala passa a dois centímetros do coração, se aloja no pulmão. Mediante o que ela pode devolver seu anel de noivado e obtém logo, de seu pai e mais amplamente da família, esse benefício não desprezível que tem nome: o respeito. Ela pode de agora em diante, sem que ninguém diga nada, passar "os dias em casa, de espírito ausente, silenciosa, afundada numa poltrona", a reduzir assim pouco a pouco a dor redobrada de sua separação de Léonie von Puttkamer e de Fritz Dietz, "tantos amores não cumpridos", escrevem sobriamente Ines Rieder e Diana Voigt.

> Seus pais e seus irmãos não ousam dirigir-lhe a palavra, passam ao lado, caminhando quase na ponta dos pés, fascinados e tocados por sua dor[60].

Não importam muito aqui quais motivos psicológicos intervêm em seus pais (a inquietude deles?); só conta o resultado, a saber, o comportamento que têm para com ela. Estamos na primavera de 1926. Freud foi consultado por Antal Csillag em fevereiro de 1919 e recebeu sua filha entre março e julho de 1919. Avaliamos o caminho percorrido por Sidonie Csillag, notadamente em sua família. Doravante, não está mais em questão para quem quer que seja, nem mesmo para seu pai, levá-la a qualquer médico que seja. É o próprio caminho de seu acesso ao domínio, adquirido por ter corrido por três vezes o risco de morte.

---

[59] I. Rieder, D. Voigt, *Sidonie Csillag...*, *op. cit.*, p. 155.

[60] *Ibid.*, p. 159.

Freud / Lacan / Freud

Certo, Sigmund Freud nisso não se enganou, o problema sendo, para seus sucessores, que é *ela* quem nos ensina, e não ele em seu célebre artigo (seu único artigo sobre a homossexualidade).

> Ao se despedir dela, o professor Freud lhe disse:
> "Você tem olhos tão espertos... Não gostaria de encontrá-la na vida como seu inimigo".

Por que Freud não nos relatou essas palavras que ela não pode ter inventado? Podemos ver aí algo como uma intuição, como uma visão, nele, da radical incompatibilidade entre discurso do mestre e discurso analítico, uma incompatibilidade com que Freud estava lidando sem *bem* saber. A razão disso é que, mestre, ele o era – o que Lacan, enfim livre para dizer abertamente seu sentimento sobre Freud, chamava a sua "doença":

> O fato de a análise só falar do eu [*moi*] e do isso, jamais do ele, é, de todo modo, muito impressionante. Ele, no entanto, é um termo que se imporia e, se Freud desdenha considerá-lo, está bem, é preciso dizer que ele é egocêntrico e até superego-cêntrico (*risos entre o público*). É d'isso que ele está doente (*risos*). Ele tem todos os vícios do mestre, não entende nada de nada! Pois o único mestre, deve-se dizer, é a consciência [...][61].

E Lacan? Ele dispunha, por único material, do texto de Freud a respeito do qual já observei[62] que, exceto uma única palavra, não comportava nenhuma citação propriamente dita de Sidonie Csillag – avaliamos a diferença de apresentação clínica, *id est*, a exclusão da literalidade, se confrontarmos essa "observação" (Freud) com os relatos de casos dos *Estudos sobre a histeria*, de "o homem dos lobos", do pequeno Hans, ou ainda de "o homem dos ratos". Lacan vai, tomando apoio nessa única palavra, ver-se com-

---

61 "L'insu que sait de l'Une-bévue s'aile à mourre", segundo o seminário de Jacques Lacan, *L'Unebévue*, nº 21, Paris, L'Unebévue éd., février 2004, p. 117.

62 Aqui mesmo, nota 34 de "Correção I".

prometido num monumental contra-senso, mas um contra-senso a ser situado lado a lado com aquilo de que se tratava. Para além de sua invenção do objeto pequeno *a*, Lacan lê o significante *niederkommen*, a seu ver ativo no que ele chama de uma "passagem ao ato", como assinalando não mais um desejo de ter uma criança do pai (sua primeira leitura, seminário *A relação de objeto*, em janeiro de 1957), mas o fato de que a jovem *SE deixa cair*. Lucien Favard e Thomas Gindele sublinharam o forçamento então efetuado: o acréscimo, ao *niederkommen*, de um *lassen* que não figura de modo algum no texto de Freud[63]. *Ora, precisamente, em cada uma de suas três tentativas de suicídio, Sidonie Csillag não SE deixa cair*; pelo contrário, com esse gesto reiterado em que, a cada vez, seu desejo prevalece sobre a preocupação de se manter em vida, ela se constrói, se estabelece como mestre. Seria, muito pelo contrário, ao não ter corrido, nas três circunstâncias ditas acima, risco de morte que Sidonie Csillag de fato teria, como mestre, se deixado cair.

Ex falso sequitur quod libet: de uma falsa identificação (a da "passagem ao ato") Lacan tira uma verdade, a definição da passagem ao ato como reação a "todo súbito relacionamento do sujeito com o que ele é como objeto pequeno *a*[64]". Onde, pois, situar esse ponto onde Sidonie Csillag era suscetível de *se* deixar cair? Em nada menos que o que teria sido uma renúncia a produzir, amante, sua lição de amor, ao que se apresentava indissociavelmente como seu amor pela dama (várias mulheres virão, ao longo de sua vida, alojar-se ali) e seu ensino relativo ao amor. Precisamente aquilo a que ela não renuncia de maneira alguma em suas três tentativas de suicídio. Ela teria, como mestre, se deixado cair se tivesse pautado a sua vida sobre esse "mas" do "eu te amo, mas" que terá tão bem sabido lhe assinalar Léonie von Puttkamer; ou se, segunda tentativa de suicídio, ela não se tivesse dado os meios, quando a evidência ali estava, de renunciar à baronesa; ou se, terceira tentativa, tomando sobre si mesma (dizemos, com bastante jus-

---

63 Thomas Gindele, "Freud, Lacan, Sidonie: décalages", in *Sidonie Csillag...*, *op. cit.*, p. 397. O acréscimo, assinala-me Vianney Piveteau, é mais exatamente o de um *sich lassen*, pelo menos de maneira invisível, pois Lacan não o diz em alemão, mas em francês (ver sessão de 16 de janeiro de 1963: "Só o *deixar cair*, *o* deixar-se *cair*, pode realizá-lo").

64 J. Lacan, seminário *L'Angoisse*, sessão de 16 de janeiro de 1963.

teza, na primeira pessoa: "tomo sobre mim", frase a transliterar: "tomo supereu*), ela tivesse casado. Ela teria igualmente se deixado cair se tivesse aceitado associar livremente no divã de Freud.

Em outras palavras ainda: a identificação de Sidonie Csillag como objeto pequeno *a* não está ali onde Lacan a situa. Ela não é, como objeto pequeno *a*, aquele olhar paterno irritado que dissemos. Ali não está seu endereçamento (esse endereçamento, eu disse, é "qualquer um"). O que é ela, então, como objeto pequeno *a*? Não um olhar, mas uma voz. A coisa não podia nos ser mais bem transmitida que pelo gesto de Ines Rieder trazendo com ela para a França, pois bem, justamente... a voz de Sidonie Csillag, essa mesma, ainda que um pouco marcada pela idade, que havia ressoado no consultório de Freud. Sidonie Csillag, ou a voz de seu mestre. Não é preciso de modo algum cogitar longamente ou até inventar um saber (o que nem por isso deixaria necessariamente de ter pertinência) para começar a entrever que o suporte pulsional da cachorrada do amor nada mais é que a "pulsão invocante". A coisa foi, com efeito, colocada sob o olhar de milhões de amantes de música sob a seguinte forma[65]:

* *Sur moi* [sobre mim] e *surmoi* [supereu]. (NT)

65 A historieta conta que, na morte de seu irmão, o pintor Francis Barraud acolheu seu pequeno fox Nipper e herdou seu gramofone. Um dia, quando fazia funcionar esse gramofone, ele notou o interesse que lhe dava o cão, que parecia reconhecer o aparelho. Francis Barraud pinta essa cena tocante, intitula seu quadro *His master's voice*, depois abandona a tela, que ele decide terminar em 1899. A fim de fazê-la ao gosto da época, toma emprestado da Gramophon Company de Londres um gramofone mais moderno. Para agradecer-lhe, ele mostra o quadro a William Barry Owen, dono da Gramophon Company, que decide imediatamente comprar-lhe o quadro, com todos os seus direitos, por cem libras.

O endereçamento do ensino de Sidonie Csillag pode, por isso, também fazer imagem. Qualquer um pode ir ao concerto, o que logo se deixa dizer: amar de concerto.

Em *As buscas de um cão*, Kafka conta a incidência dessa "musicalidade criadora que só a raça canina recebeu em partilha[66]". Em particular, essa "encantadora" música força quem a ouve a "dobrar os joelhos[67]". Fugindo primeiramente, isolado num bosque, essa primeira experiência traumática, "*trou*mática" (Lacan), o narrador-cão de Kafka logo se dará conta de que esse refúgio não lhe oferece verdadeira solução; ele decide então juntar-se ao grupo de seus congêneres concertistas (cujo modo de presença é o do aparecimento[68]), tornar-se também um mestre[69]. Ele vai prosseguir sozinho suas pesquisas, até essa derradeira experiência de um jejum levado ao extremo, em que uma música o alcançará, aquela "demoníaca de Kierkegaard, dionisíaca de Nietzsche" (assim ressalta seu biógrafo Pietro Citati), aquela que só podemos suportar ouvir por um breve instante, aquela do grande cão de

---

66 Franz Kafka, *Description d'un combat. Les recherches d'un chien*, bilíngüe, traduzido do alemão e anotado por Claude David, Paris, Gallimard, 1989, p. 167. Num prefácio, Pietro Citati observa que se trata de um dos únicos dois textos de Kafka (escrito em 1922, no momento da redação do *Castelo*) em que o personagem único diz "eu", acrescentando que "[...] desta vez, Kafka se aproxima mais de si mesmo do que jamais fizera" (p. 9).

67 *Ibid.*, p. 179.

68 J. Allouch, "Du meilleur aimé", *L'Unebévue*, nº 21, art. citado.

69 F. Kafka, *Description d'un combat, op. cit.*, p. 179.

caça (Deus, segundo Pietro Citati), aquela de que ele deverá fugir, aquela que o força a pôr assim um termo em seu jejum experimental[70]. Nada diz melhor que essa insustentável, e portanto pontual, experiência narrada bem no fim das *Buscas de um cão* a impossibilidade de todo súbito relacionamento do sujeito com o que ele é como objeto pequeno *a* (Lacan). Como Plotino, o cão narrador de Kafka – sem nome, como se deve, pois nenhum nome convém para dizer como o "sujeito" é barrado pelo objeto pequeno *a*, nem mesmo a letra $\cancel{S}$ – sabe incomunicável a sua experiência (p. 279).

Esse relato confirma plenamente a composição da rede que com Sidonie Csillag tento aqui tecer e cujos pontos nós acabam sendo: uma posição de mestre; um objeto, a voz; uma certa relação com a linguagem (aquela mesma revelada por Cervantes e que se diz, em Kafka, como ausência, jamais preenchida, de uma verdadeira fala); e um saber suposto, a propósito do qual Kafka sublinha que é de outra ordem que científica. Somos, com efeito, levados a dizer "suposto" esse saber canino, pois ele "[...] não ultrapassa apenas as possibilidades intelectuais de cada um, mas as do conjunto dos sábios[71]"; igualmente porque esse saber, que poderia chegar até a colocar em questão o desejo de preservar a vida, permanece um saber calado, mas também por se apresentar como um osso a ser roído cuja medula, objeto da busca, contém "o terrível veneno do conhecimento e da arte que infectara o corpo de Kafka ao longo de sua vida[72]":

> "[...] por que censuras nos outros o silêncio e permaneces tu mesmo silencioso?". A resposta é fácil: porque sou um cão. No essencial, tão fechado

---

[70] Quem se propõe a tratar a dita anorexia faria bem em tomar isso como... lição. Nada pior, para o cão narrador de Kafka (ver F. Kafka, *Description d'un combat, op. cit.*, p. 257), que outros cães, percebendo a sua ausência, façam algo contra ele, em outras palavras contra o que, sem saber, ele visa ao jejuar, que não é o jejum enquanto tal, mas a experiência na qual desemboca o jejum, para a qual o jejum é uma via, é a via, a experiência de um encontro que, só este, pode dar ao jejum seu verdadeiro termo. A anorexia é "santa", com efeito. O que nomeamos tratamento da anorexia corresponde a cortar essa via, a levantar um muro para que não seja alcançada a saída efetiva.

[71] *Ibid.*, p. 187.

[72] *Ibid.*, p. 13.

quanto os outros, prestando resistência (*Widerstand*) às minhas próprias questões, duro de tanto medo (*Angst*)[73].

Cão sábio, nunca estamos seguros de não latir nossas questões e de torná-las, assim, "pouco inteligíveis[74]". Não é essa a prática daquelas que, recentemente, na França, se denominaram elas mesmas "cadelas de guarda"? Lacan:

> Com a linguagem, latimos (*emite um risinho*) atrás dessa coisa [trata-se do que ele acaba de chamar "a alma-de-terceiro" [*l'âme-à-tiers*]], e o que quer dizer S de grande A barrado (*volta do quadro*), é isso que isso quer dizer, é que isso não responde[75].

O que se dizia recentemente nos meios badalados para manifestar o auge de uma satisfação? Não "super!", ou "genial!", mas, confirmando sem saber essa palavra de Lacan: "uau!", latia-se.

Surpreendemos, portanto, Lacan, em 1963, mesmo quando ele se distingue do "empaternamento" freudiano[76], ainda preso no que posteriormente saberá reconhecer como um possível extravio para a psicanálise[77]. Conseqüentemente, a lição de amor desse mestre passa despercebida, até quando Lacan convoca justamente, em relação à "jovem homossexual", o amor cortês. Pois esse apelo – pertinente – a um saber referencial não lhe deixa menos despercebida a inflexão, a acentuação singular que Sidonie Csillag coloca sobre a cortesia, a saber, sua apresentação da cachorrada do amor.

---

73 F. Kafka, *Description d'un combat*, *op. cit.*, p. 201.

74 *Ibid.*, p. 183.

75 J. Lacan, "L'insu que sait de l'Une-bévue s'aile à mourre", *op. cit.*, sessão de 18 de janeiro de 1977, p. 74.

76 Sidonie Csillag afirma que seu pai era baixo, redondo e feio; Freud o vê de estatura elevada! E o que responde ela a Freud quando este lhe sugere que ela teria desejado ter um filho de seu pai? Dando sustentação ao que considera a inconveniência absoluta de tal idéia, ela lhe observa não que se trata de seu pai, não que é proibido deitar com o pai, mas a feiúra desse pai. Decididamente sim, Sidonie Csillag foi uma esteta.

77 Ver *L'Unebévue*, nº 8/9, printemps/été 1997, "Não há pai simbólico".

Há um bestiário do amor, e do amor cortês, a ser distinguido da bestialidade.

E sitot lop m'apellatz.
no m'o tenh a deshonor.
ni se-m baton li pastor.
ni se-m sui per lor cassatz.

E se me chamam lobo / não o considero desonra / nem que os pastores me espanquem / nem que seja caçado por eles, diz uma *canso* de Peire Vidal, citada e estudada por Jacques Roubaud[78]. O amor é, aqui, como com Sidonie Csillag, "a bela e a fera", é, talvez, o que passamos sub-repticiamente às crianças que aprendem o latim ao fazermos com que declinem "a rosa, a rosa, a rosa", conjuntamente com "o mestre, o mestre, o mestre". E Jacques Lacan terá no entanto sabido, ele que propunha, aliás em Viena, aos psicanalistas, fazerem-se os cães de uma Diana identificada à verdade segundo Freud[79]. Ele não terá visto, em compensação, que se tratava de acolher Sidonie Csillag exatamente como ele propunha acolher Freud, como alguém que passava um ensino.

Que papel terá desempenhado Freud no fato de que esse ensino de Sidonie Csillag tenha chegado a nós? Esse livro, assinado Ines Rieder e Diana Voigt, jamais teria visto o dia se Sidonie Csillag não tivesse sido, por um tempo, a "jovem homossexual" de Freud? Ou, mais exatamente, não tivesse tido a espécie de dupla vida que foi a dela, com, de um lado, o que nos relatam Ines Rieder e Diana Voigt e, do outro, o insistente rumor que ela suscitou entre os freudianos, o qual encobria, no subsolo, mantidos clivados desse rumor (um mecanismo de isolamento, poderia ter dito Freud), os encontros e a correspondência mantida com Eissler? O instante presente, o momento desse livro, é aquele em que essas duas vidas se recortam. Ele

---

78 Jacques Roubaud, *La Fleur inverse, l'art des troubadours*, Paris, Les Belles Lettres, 1994 (1re éd., Paris, Ramsay, 1986), pp. 65-67.

79 J. Lacan, "La chose freudienne", *Écrits*, Paris, Le Seuil, coll. "Points", 1971, p. 248. Lacan encerra a sua intervenção com um alexandrino (e um jogo de palavras) em que Diana figura a verdade freudiana, sempre nas margens "[...] e, pensando bem, basicamente desumana [...]"; "Diana, pelo que eles valerem, reconhecerá os cães...".

faz parte de sua história, pois a história de uma vida não é encerrada quando cessa essa vida. Pouco antes de morrer, Sidonie Csillag ainda experimenta a necessidade de falar de Freud com suas duas novas amigas, de honrar Freud, eu diria, já que Freud permanece a única de todas as pessoas que ela pôde encontrar a ser assim tratada:

> Cheia de raiva e de desprezo, ela se lembra do professor Freud e, hoje ainda, ela experimenta uma alegria maligna ao pensar que com ela ele perdera seu latim. Era um *cretino* (*volltrottel*), ela, teimosa, não mudará de idéia[80].

"Raiva", "teimosia": eis a cadela que, com a fala "é um cretino", deixa cair Freud. Freud destituído como sujeito suposto saber? Ainda seria preciso que ele tivesse sido instaurado como tal, o que logo veremos. Freud: seu não amável objeto pequeno *a*? Freud: uma voz sem amor? Disso decorre que, segundo as imprevisíveis vias reservadas a cada um pela ex-sistência (nelas estando incluída a existência *post mortem*), e sem saber, Sidonie Csillag teria como que encerrado sua análise com Freud? Uma psicanálise que a teria feito advir não como freudiana, mas como csillagiana?

Tentemos responder a essas questões que alguns, no instante de ler estas linhas, talvez julguem absurdas. Mas, antes, levantemos uma objeção. Um contraditor benevolente poderia retorquir: "Você está dizendo que um mestre não pode prestar-se, oferecer-se à psicanálise, você está dizendo que Sidonie Csillag foi um mestre, e eis que você agora afirma que ela teria feito sua análise com Freud! Tais palavras claramente não são coerentes". Responderei que, com efeito, elas aparecem francamente contraditórias, mas... não do lado de Lacan. A formalização lacaniana de quatro discursos com efeito permitiu posicionar o discurso do mestre como *avesso* do discurso psicanalítico. Um avesso que apresenta, portanto, uma certa relação com seu lado direito. Por que, se não for por esse preconceito inscrito em cada um pelo espírito geométrico, deveríamos supor que não haveria nenhuma possibilidade de passagem de um a outro? A banda de Mœbius está ali bem feita para nos presentificar a possibilidade dessa possibilidade. A meu encargo, portanto, designar agora esse ponto de emenda, após torção, desse

---

80 I. Rieder, D. Voigt, *Sidonie Csillag...*, *op. cit.*, p. 386.

avesso e desse direito. Mostrar como, virando as costas à psicanálise, a Freud, Sidonie Csillag terá feito sua análise com Freud, ela a terá feito ao avesso.

Confrontemos, para esse fim, o ensino de Sidonie Csillag e o de Schopenhauer. O que diz este último? Que, comparado com o amor das mulheres (conhecemos sua barulhenta misoginia), o dos cães apresenta uma bem melhor qualidade, é simplesmente viável, ao passo que o amor das mulheres – esse pólo negativo da humanidade – não o é. O cão não engana, o cão sabe fazer-se entender univocamente, o cão deixa-se possuir sem grande dificuldade, não tendo necessidade alguma de ir discretamente cortejar outro mestre; não há, no cão, nenhuma veleidade de fazer sofrer seu mestre. Mas, sobretudo, acrescenta Schopenhauer:

> O que me torna tão agradável a sociedade de meu cão é a *transparência de seu ser* [sublinho]. Meu cão é transparente como vidro. Se não houvesse cães, eu não gostaria de viver[81].

Pensamos no corpo de vidro, patognomônico sinal de loucura em Descartes, e já em Cervantes (ver o conto *El licenciado Vidriera*). Essa transparência seria uma idéia louca? Ou então uma ilusão, suportada pelo amor e oferecendo um acesso ao ser? Seja como for, o fato é que seu cão vem ali consolar Schopenhauer (ele fará do cão, à sua morte, seu legatário) do amor e da felonia das mulheres.

Schopenhauer não inventa esse jogo mulher/cão, cujos rastros encontramos até na Grécia arcaica. Em Semônides, que Nicole Loraux comenta em *As crianças de Atenas*, a mulher está do lado da diversidade animal, sucessivamente égua, macaca, cadela, porca, etc. Em nota, ela acrescenta:

> *Kuôn* [logo, o masculino] é incontestavelmente a cadela, já que para os gregos a "a cachorrada" se diz no feminino[82] [...].

---

[81] Schopenhauer, *Douleurs du monde, pensées et fragments*, trad. do alemão por Jean Bourdeau, prefácio de Didier Raymond, Paris, Rivages poche, 1990, pp. 207-208.

[82] Nicole Loraux, *Les Enfants d'Athéna*, Paris, Maspero, 1981, p. 104.

Fica claro que, mesmo no masculino, o cão costuma ser fêmea. Seria o caso entre os cínicos, o que redobraria a insolência de fazer-se passar por cão quando se é homem na Grécia?

Com Michel Tournier, esse jogo cão/mulher manifesta sua dimensão *concorrencial*. Tournier escreveu, em 8 de abril de 1999, em *Le Figaro*, um artigo intitulado "Casos de zoofilia". Ele ali lembra primeiramente a passagem do *Gênese*, II, 18-24, em que, diz ele, a zoofilia aparece como "a primeira forma de sexualidade imaginada por Yahvé para Adão". Tendo constatado que não era bom que o primeiro homem ficasse só, o Criador

> [...] faz desfilar todos os animais diante dele, esperando que ele se apaixone por uma ovelha, uma bezerra ou uma leoa. Infelizmente, Adão aceita dar um nome a cada um dos animais, mas nenhum encontra graça a seus olhos. Em desespero de causa, Yahvé recorre à cirurgia. Aplica em Adão a primeira anestesia da história e o amputa de uma costela a partir da qual faz Eva, a primeira mulher.

Após ter mencionado, usando do mesmo anacronismo, a "zoofilia" grega (a palavra data de 1859), Tournier chega àquela de Balzac, marcada, com efeito, e singularmente desdobrada em *Uma paixão no deserto*. A história é a de um soldado do exército do general Desaix, primeiramente feito prisioneiro pelos "Maugrabins", que em seguida se evade, depois se refugia numa grota, onde, no meio da noite, vem juntar-se a ele uma pantera. Balzac conta o amor deles e, segundo Tournier:

> É preciso ler essas linhas ditirâmbicas em que Balzac se diverte misturando os traços da beleza feminina mais capitosa com detalhes evidentemente bestiais. Eles se amam... Escondem de nós, infelizmente, a lista de seus carinhos.

Esse amor não acabará melhor que outros, mas, outra versão do amor platônico, desembocará, no apaixonado soldado zoófilo, na experiência mística do esplendor do deserto, de Deus.

O cão é, em Schopenhauer, um possível amado. Entende-se, daí, como se posiciona o ensino de Sidonie Csillag: ao passo que Schopenhauer cliva amor dos cães e amor das mulheres, ela os joga um sobre o outro, os identifica.

Tal aparece o que chamarei, com uma palavra dela, sua "inocência", oferecendo-lhe aqui, *post mortem*, o reconhecimento dessa inocência que ela esperava de Freud. Sua inocência? Entendamos aí não só sua relação com a sexualidade ("inocência" é bem o nome dessa relação), mas também essa "transparência de seu ser" que dizia Schopenhauer. Sidonie Csillag, ou o amor levado até à transparência do ser, ou o amor feito caminho para a transparência do ser. Eis seu ensino. Sidonie Csillag: uma longínqua aluna de Plotino[83].

Assim, acontece de seu ensino chegar a nós. O acontecimento se deve primeiro ao fato de que, a despeito do início claudicante de sua análise com

83 Uma terceira figura pode vir desdobrar o leque das possíveis relações mulheres/cães. Ao passo que essa relação é de exclusão em Schopenhauer (o cão caçando/cassando [*chassant*] a mulher), de identificação em Sidonie Csillag (a mulher fazendo-se cão), Lacan os faz parcialmente coabitar (clivando, ao mesmo tempo, o conjunto das mulheres). Em 29 de novembro de 1961 (seminário *A identificação*), ele diz a seus ouvintes como se comporta com ele sua cadela Justine. Teria ele, nomeando-a assim, confirmado a observação de Paulhan segundo a qual: "Existem poucos homens que não tenham sonhado possuir uma Justine"? Lacan, nesse 29 de novembro de 1961, sabe o perigo que pode suscitar o fato de ter feito cair o acento na função da fala e no campo da linguagem. Essa acentuação poderia deixar entender que se trata, para ele, de "restabelecer o corte entre a espécie canina e a espécie humana" – o que ele pretende nesse dia recusar, indo assim ao encontro de uma obsessão de Kafka, "esse destino de ferro que quer que os cães só possam ser cães, os homens apenas homens" (Pietro Citati, *in* F. Kafka, *op. cit.*, p. 12). Sua cadela, diz ele então, tem a fala, e o fato de ela não ter "a capacidade de transferência" não reduz nem um pouco, com seu parceiro (a saber, ele mesmo, Jacques Lacan, seu mestre), "o campo patético" das "relações humanas". O prazer que ele pode retirar de sua relação com Justine (que ele explicita não molestar) é da mesma ordem que aquele que ele pode ter com... uma "mulher mundana". E eis, na oportunidade, que faz sua entrada em seu seminário seu leito matrimonial! O olhar que lhe lança Justine, aninhada nesse leito, gloriosa "por ocupar um lugar cuja significação privilegiada ela identifica perfeitamente", temerosa, também, do gesto que vai em breve dali expulsá-la, esse olhar é aquele mesmo que lhe oferecerá uma mulher mundana depois que, saindo de uma sala de cinema com ele e tendo feito um comentário ditirâmbico do filme, ela terá notado o quanto Lacan se "emputecera". Outra figura feminina convocada para apresentar um traço comum com sua cadela: sua guardiã, que se entregava ao mesmo "frêmito labial" que Justine. Se, pois, Justine faz as vezes de mulher, é, em Lacan, apenas ao título dessas duas figuras femininas que são a mulher mundana e a guardiã. Resta que, nele também, é encontrado um privilégio canino: sua cadela nunca o confunde com um outro – outra maneira de dizer que ela não transfere, que o outro não pode dirigi-la para o Outro, o grande.

Freud, ela tinha, ela e não seu pai, efetivamente algo a pedir a Freud, essa coisa nada mais sendo que o reconhecimento de sua profunda inocência – o que Freud lhe recusou:

> Ele não me era antipático – mas o que era antipático era naturalmente todo esse assunto! O pior foi quando ele me disse que eu talvez tivesse preferido ter o filho com meu pai, quando minha mãe finalmente teve ainda um filho que é dezessete anos mais novo que eu; e então esse cretino – é tudo o que posso dizer – e – inaudito – impiedosamente – que idéia! e a uma filha... se ele não fosse completamente cretino, de todo modo, ele devia ter percebido que eu era completamente inocente[84].

Essa recusa, notemos, se deu logo no início: quando, toda excitada, ela entra pela primeira vez no consultório de Freud, preparando-se, após a reverência, para lhe beijar a mão, Freud, com um gesto, recusa esse contato[85]. "Foi a única vez, nota ela, em que o viu sorrir". Ah, quantas coisas teriam sido diferentes se Freud, aceitando que ela lhe beijasse a mão, tivesse podido, então, continuar a lhe sorrir[86]! Ao passo que a recusa o deixa, para toda a seqüência de suas entrevistas, "muito sério e totalmente inacessível". Desolador. Ainda mais que esse sorriso (ler também essa palavra com seu sentido na gíria*) tem também por nome: castração.

---

84 Ines Rieder teve, portanto, a feliz iniciativa de mostrar na França, àqueles que puderam encontrá-la durante a sua *tournée* de apresentação da obra, a voz de Sidonie Csillag dizendo-lhe estas palavras (tradução de Thomas Gindele): *Er war mir nicht unsympathisch – aber unsympathisch war mir natürlich die ganze Angelegenheit! Das Ärgste war wie er mir gesagt hat, dass ich vielleicht lieber das Kind mit meinem Vater gehabt hätte, wie meine Mutter hat doch noch einen Sohn bekommen, der siebzehn Jahre jünger ist wie ich; und da hat der Trottel – kann ich nur sagen – und – unerhört – unerbittlich – die Idee! und das einem... wenn er kein Volltrottel war, muss er doch gesehen haben, dass ich vollkommen unschuldig war!*

85 I. Rieder, D. Voigt, *Sidonie Csillag...*, *op. cit.*, p. 47.

86 Aconteceu-me mostrar a importância desse sorriso no lugar do psicanalista: J. Allouch, "De Lacan... je m'en fiche", in *Les Années Lacan*, sob a direção de Markos Zafiropoulos, Paris, Anthropos, 2003.

* Na gíria francesa existe a expressão "sorriso vertical", que remete ao órgão sexual feminino; talvez seja essa a menção. (NT)

Pouco importa, no limite da morte, ela persiste e assinala: "De todo modo, ele devia ter percebido que eu era completamente inocente". Tal aparece, portanto, o ponto onde Freud foi e permanece para ela sujeito suposto saber. O erro "técnico" de Freud daí se deduz. De jeito nenhum a questão é saber se sua interpretação (desejar um filho de seu pai) está certa ou fora de lugar. A questão é que ele tenha cometido o erro de lhe formular não *essa* interpretação, mas qualquer interpretação que fosse que a deixasse entender que ela não é inocente. Ora, inocente ela é, e Freud deveria ter-lhe dito isso explicitando-lhe (deixando assim aberta a sua demanda) que estava fora de questão para ele, seu psicanalista, ir gritar isso *sob* o teto*, a começar pelo teto familiar, que cabia a ela dizer essa inocência. Esse erro freudiano fará que, em 1963, Lacan encare o texto em que Freud fala dela não tanto como que contando seu "caso", mas como mostrando um ponto de extravio da prática freudiana.

Assim, segundo ela, Freud conhecia a sua inocência. Não vejo outro motivo mais sério e mais decisivo que essa suposição suscetível de dar conta de sua intensa atividade epistolar com Kurt Eissler (um avatar de Freud). O fio de sua relação com o sujeito suposto saber permanecerá ali estendido até o termo de sua vida. Em outras palavras, a publicação dessas cartas valerá, se algum dia acontecer, como o momento em que a comunidade psicanalítica enfim se juntará, após um tão longo desvio, ao inaugural sorriso de Freud. Então, enfim, sua psicanálise ao avesso estará encerrada.

P.-S. Histórico – Em sua obra *Mestres e discípulos*, George Steiner limpa o campo dessas relações mestre/discípulos desde a Antigüidade até os nossos dias[87]. Esse autor, decerto, persiste e assina seu desconhecimento do

---

* Jogo de palavras, pois a expressão é *crier sur les toits* [literalmente, gritar sobre os telhados; metaforicamente, *gritar aos quatro ventos, espalhar*] e não *sous* [sob], como grifado. (NT)

87 Não posso mencionar aqui essa obra de Steiner sem notar que ela deve ser lida com uma única mão, a outra estando reservada... a esta outra obra, *O sexo do mestre*, cujas teses aqui se encontram confirmadas. Não só Steiner sublinha, quase em todas as suas páginas, o caráter erótico da relação mestre/discípulo, mas também procura precisar de que postura erótica se trata; nomeei a felação: "O essencial é o sexo oral, 'o cachimbo [felação na gíria francesa (NT)] na biblioteca é a missa negra do *campus*'" (p. 68). Como melhor indicar ao leitor do *Sexo do mestre* que, com efeito, não está em questão o *katapugon*?

estatuto do escrito, mas pouco importa para o que aqui nos ocupa. A introdução dessa obra tenta uma tipologia dessas relações, ainda que a seqüência das formulações disso não faça muito uso. Joguemos, pois, o jogo: onde então classificar, nessa tipologia, o ensino de Sidonie Csillag? Certamente não nessa figura de um mestre passador, ouvinte e mensageiro de um *logos* revelado, ensinando a Torah, o Corão ou o Novo Testamento. Também não na figura de um mestre que julga perigoso demais o que tem a transmitir, reservando-o, assim, a alguns eleitos, mediante o que então funciona o dispositivo esotérico/exotérico, assim como com Pitágoras (e, segundo Jean-Claude Milner, Lacan – uma opinião que não partilho). Em compensação, Sidonie Csillag parece bem poder inscrever-se num misto das duas outras figuras distinguidas por Steiner. Um mestre que ensina pelo exemplo, que mostra, cujo ensino é ostensivo; e a esse respeito Steiner lembra o latim *dicere*: mostrar, o médio inglês *token* e *techen*, que conotam "o que mostra", o alemão *deuten*: "apontar com o dedo". Tal Sócrates, Wittgenstein e alguns outros, Sidonie Csillag ensina existindo. Mas esse ensino também tem a ver com outra figura do mestre, aquela revelada por Foucault, em que cessam de ser desprezadas as relações de força entre mestre e discípulo, aquela à qual Steiner associa igualmente *A lição* de Ionesco – sobre a qual ele ressalta, não menos pertinentemente, que ela é o que há de mais oposto ao *Mênon*. Sejamos, pois, os *hetairoi* desse mestre, Sidonie Csillag, é o que propõem as páginas que acabamos de ler. Tomemos ciência de que, num universo de domínio, o amor assume figura de cachorrada.

P.-S. DE ATUALIDADE – A lição de amor de Sidonie Csillag não poderia utilmente instruir a relação pedagógica moderna, aquela que não ousa dizer seu nome, quero dizer, a domesticação das crianças? Já Paulhan havia entrevisto essa proximidade da criança e do animal (metonimicamente: o cão) quando escrevia das mulheres que elas sabem "estar à vontade com os cães e os gatos", mas também falar "com esses semiloucos, as crianças[88]". Uma criança de quatro anos está hoje perfeitamente prevenida de que um copo de Coca-cola corresponde a cinco pedaços de açúcar, responde, quan-

[88] Jean Paulhan, "Le bonheur dans l'esclavage", *in* Pauline Réage, *Histoire d'O*, Paris, Pauvert, 1954-1972, p. XVII.

do lhe perguntam por que ela gosta de kiwis, que é porque tem vitaminas, e o resto igual; ela sabe controlar a sua alimentação segundo o que é exigido pela dietética, integrou os dados do biopoder. Ela exigirá do pai que ele ponha o cinto de segurança, repreenderá a mãe se esta persistir em fumar. É possível chamar de outro modo que "domesticação" o que lhe é assim colocado no crânio?

Uma ponte entre animais domésticos e crianças[89] é realizada pela própria Sidonie Csillag que, além de seu cão Petzi, amou muito, quando estava na Tailândia, um macaquinho, até o ponto de hesitar em se separar dele quando teve de voltar à Europa para junto de sua mãe moribunda, até o ponto de imaginar voltar ao local (ela tem então setenta e seis anos) para recolher-se sobre seu túmulo dez anos após ter sabido de seu falecimento. Esse macaco chamava-se Chico: "criança", "menino" em espanhol, língua que Sidonie Csillag falava. Ao chegar a Bangkoc, ela havia eleito Chico, ainda bebê, entre três gibões. Ele soube despertar "o instinto materno de sua protetora". A qual usou, para se separar dele, um estratagema que crêem dever empregar certos pais em circunstâncias idênticas. Ela maldisse Deus por seu falecimento, que a fez deixar de lado a fé. Amamos as crianças de outra maneira que segundo a cachorrada do amor tal como nos é designada por Sidonie Csillag?

Sua lição de amor não seria suscetível de instruir igualmente os freudianos? Sabemos o sucesso que eles reservaram ao artigo de Freud "Espanca-se uma criança", escrito notadamente com base no que confessava Anna Freud a seu papanalista (suas fantasias masturbatórias). Estamos no momento mesmo em que Sidonie Csillag partilha com Anna Freud o célebre divã (ela tem direito a cinco sessões semanais, Anna, a seis!). "Espanca-se uma criança", sim, mas *como*?

---

89 Outra ponte entre animal e humano, o poema *Pépée* [uma macaca (NT)], em que Léo Ferré conta seu luto: "Tuas mãos eram como raquetes Pépée [...] Tinhas olhos como lucarnas Pépée [...] Tinhas o coração como um tambor Pépée [...] Eu queria ter as mãos da morte Pépée".

Condessa de Ségur, *Les Petites Filles modèles*.
Ilustração de Bertall, Paris, Hachette, 1982.

Não sei se a questão foi colocada. Resposta, sugerida pelo ensino de Sidonie Csillag: espanca-se uma criança como se espanca um cão amado, não pelo prazer de espancá-lo, nem tampouco para lhe fazer mal, mas para domesticá-lo (o que a idolatria e a carga de esperança de que a criança é atualmente objeto tornam dificilmente perceptível). No momento de encerrar estas linhas, o jornal *Le Monde* de 5 de fevereiro de 2004 me informa em primeira página: a Corte Suprema do Canadá "disse sim à palmada suave".

Envio

Esse amor cão, esse amor como mestre, no que vem ele esbarrar? Com o que ele se choca, que lhe daria seu limite? Com o mestre absoluto, com a morte. Diferente nisso notadamente do amor romântico, a cachorrada amorosa é *morte excluída*. Mas de uma exclusão que a habita por dentro, que é assinalada, por exemplo, pela multiplicidade como tal dos amores de Sidonie Csillag, ou ainda pelo compromisso sintomático posto em ação na casa dos Freud com essa surpreendente prática que consistia em nomear com um mesmo nome vários cães sucessivos.

Surge aí um desejo de imortalidade desse objeto amado/amante por excelência que é o cão.

Ainda convém que esse desejo de imortalidade não seja vivamente demais sustentado. Se o for, a problemática amorosa bascula para a histeria, na qual se realiza uma outra figura do amor.

Essa báscula, ei-la visível na impotência de Júpiter em desviar Semele de seu desejo de imortalidade[1]:

JÚPITER (*apart*)

Too well I read her meaning,
But must not understand her:
Aiming at immortality
With dangerous ambition.

---

[1] Sémélé, Georg Friedrich Haendel, libreto de William Congreve segundo *As metamorfoses* de Ovídio, 1744, ato II.

JÚPITER

I must with speed amuse her
Lest she too much explain.
It gives the lover double pain
Who hears his nymph complain
And hearing, must refuse her.

JÚPITER *(à parte)*[2]

Ouço-a até demais,
Mas não devo escutá-la:
Ela sonha com imortalidade,
Ambição tão perigosa.

JÚPITER

Rápido, tenho de diverti-la
Antes que ela se explique demais.
O amante sofre uma dupla pena
Quando a ninfa exala sua queixa.
E a isso ele deve permanecer surdo.

---

[2] Tradução para o francês de Jean Dixsaut, *L'Avant-Scène Opéra*, Paris, 1996.

OBRAS PUBLICADAS

Psicanálise e Tempo
Erik Porge

Psicanálise e Análise do Discurso
Nina Leite

Letra a Letra
Jean Allouch

Mal-Estar na Procriação
Marie-Magdeleine Chatel

Marguerite ou "A Aimée" de Lacan
Jean Allouch

Revista Internacional nº 1
A Clínica Lacaniana
A Criança na Clínica Psicanalítica
Angela Vorcaro

A Feminilidade Velada
Philippe Julien

O Discurso Melancólico
Marie-Claude Lambotte

A Etificação da Psicanálise
Jean Allouch

Roubo de Idéias?
Erik Porge

Os Nomes do Pai em Jacques Lacan
Erik Porge

Revista Internacional nº 2
A Histeria

Anorexia Mental, Ascese, Mística
Éric Bidaud

Hitler – A Tirania e a Psicanálise
Jean-Gérard Bursztein

Littoral
A Criança e o Psicanalista

O Amor ao Avesso
Gérard Pommier

Paixões do Ser
Sandra Dias

A Ficção do Si Mesmo
Ana Maria Medeiros da Costa

As Construções do Universal
Monique David-Ménard

Littoral
Luto de Criança

Trata-se uma Criança – Tomos I e II
Congresso Internacional de Psicanálise
e suas Conexões – Vários

O Adolescente e o Psicanalista
Jean-Jacques Rassial

— Alô, Lacan?
— É claro que não.
Jean Allouch

A Crise de Adolescência
Octave Mannoni e outros

O Adolescente na Psicanálise
Raymond Cahn

A Morte e o Imaginário na Adolescência
Silvia Tubert

Invocações
Alain Didier-Weill

Um Percurso em Psicanálise com Lacan
Taciana de Melo Mafra

A Fantasia da Eleição Divina
Sergio Becker

Lacan e o Espelho Sofiânico de Boehme
Dany-Robert Dufour

O Adolescente e a Modernidade – Tomos I, II e III
Congresso Internacional de Psicanálise
e suas Conexões – Vários

A Hora do Chá na Casa dos Pendlebury
Alain Didier-Weill

W. R. Bion – Novas Leituras
Arnaldo Chuster

Crianças na Psicanálise
Angela Vorcaro

O Sorriso da Gioconda
Catherine Mathelin

As Psicoses
Philippe Julien

O Olhar e a Voz
Paul-Laurent Assoun

Um Jeito de Poeta
Luís Mauro Caetano da Rosa

Estética da Melancolia
Marie-Claude Lambotte

O Desejo do Psicanalista
Diana S. Rabinovich

Os Mistérios da Trindade
Dany-Robert Dufour

A Equação do Sonhos
Gisèle Chaboudez

Abandonarás teu Pai e tua Mãe
Philippe Julien

A Estrutura na Obra Lacaniana
Taciana de Melo Mafra

Elissa Rhaís
Paul Tabet

Ciúmes
Denise Lachaud

Trilhamentos do Feminino
Jerzuí Tomaz

Gostar de Mulheres
Autores diversos

Os Errantes da Carne
Jean-Pierre Winter

As Intervenções do Analista
Isidoro Vegh

Adolescência e Psicose
Edson Saggese

O Sujeito em Estado Limite
Jean-Jacques Rassial

O que Acontece no Ato Analítico?
Roberto Harari

A Clínica da Identificação
Clara Cruglak

A Escritura Psicótica
Marcelo Muniz Freire

Os Discursos e a Cura
Isidoro Vegh

Procuro o Homem da Minha Vida
Daniela Di Segni

A Criança Adotiva
Nazir Hamad

Littoral
O Pai

O Transexualismo
Henry Frignet

Psicose, Perversão, Neurose
Philippe Julien

Como se Chama James Joyce?
Roberto Harari

A Psicanálise: dos Princípios
Ético-estéticos à Clinica
W.R. Bion – Novas Leituras
Arnaldo Chuster

O Significante, a Letra e o Objeto
Charles Melman

O Complexo de Jocasta
Marie-Christine Laznik

O Homem sem Gravidade
Charles Melman

O Desejo da Escrita em Ítalo Calvino
Rita de Cássia Maia e Silva Costa

O Dia em que Lacan me Adotou
Gérard Haddad

Mulheres de 50
Daniela Di Segni e Hilda V. Levy

A Transferência
Taciana de Melo Mafra

Clínica da Pulsão
Diana S. Rabinovich

Os Discursos na Psicanálise
Aurélio Souza

Littoral
O conhecimento paranóico

Revista Dizer – 14
A medicalização da dor

Neurose Obsessiva
Charles Melman

A Erótica do Luto
Jean Allouch

Um Mundo sem Limite
Jean-Pierre Lebrun

Comer o Livro
Gérard Haddad

Do Pai à Letra
Hector Yankelevich

A Experiência da Análise
Norberto Ferreyra

A Fadiga Crônica
Pura H. Cancina

O Desejo Contrariado
Robert Lévy

Psicanálise de Crianças Separadas
Jenny Aubry

Lógica das Paixões
Roland Gori

Um Narrador Incerto, entre o
Estranho e o Familiar
Lucia Serrano Pereira

Gide-Genet-Mishima
Catherine Millot

Dependência Química na Adolescência
Hélcio Fernandes Mattos

O Sexo Conduz o Mundo
Colette Chiland

Um Homem de Palavra
Nazir Hamad

A Arte de Reduzir as Cabeças
Dany-Robert Dufour

Poetas, Crianças e Criminalidade... sobre Jean Genet
Alba Flesler / Claudio Martyniuk /
Fernando Sabsay / Isidoro Vegh

A Paixão do Sujeito Freudiano
Bernard Penot

Clínica Lacaniana: As Homossexualidades,
Revista Internacional nº 2

A Significação do Falo
Diana Rabinovich

A Angústia e o Desejo do Outro
Diana Rabinovich

A Crueldade no Feminino
diversos autores

A SEREM EDITADOS:

O Próximo
Isidoro Vegh

Os Nomes Indistintos
Jean-Claude Milner

O Caminhante Analítico
Victor Smirnof

Figuras do Real
Ginette Michaud

Do Amor do Outro ao Amor de Si
Patrick Delaroche

A Topologia de Lacan
Jean-Paul Gilson

O Conhecimento Paranóico
Revista Litoral

Letra e Pulsão de Morte
Andre Green

Enigma do Incesto
Laure Rozen

O Inferno do Dever
Denise Lachaud

A Quarta Mulher
Paul Tabet

Lacaniana: os Seminários de Jacques Lacan – 1953-1963
Moustapha Safouan

Lacaniana: os Seminários de Jacques Lacan – 1964-1979
Moustapha Safouan

Dez Conferências de Psicanálise
Moustapha Safouan

Estados de Abandono
Jacques André

Transferência e Estados Limites
Jacques André

Da Paixão
Jacques André

A Anatomia da Terceira Pessoa
Guy Le Gaufey

A Criança no Espelho (Freud Wallon Lacan)
Émile Jalley

O Livro das Separações
Emílio Rodrigué

A Violência na Adolescência
Pierre Kamerer

Para uma Clínica do Real
Isidoro Vegh

O Fracasso do Fantasma
Silvia Amigo

A Topologia de Jacques Lacan
Jean-Paul Gilson

As Figuras do Real
Patrick Delaroche

A Ambivalência Materna
Michele Benhaïm

Oriente Médio: Povos Autoritários, Sociedades Bloqueadas
Philippe Droz-Vincent

Dicionário da Sexualidade Humana
Philippe Brenot

Dicionário da Justiça
Löic Cadiet

O Jornalista e seu Poder
Gérard Spitéri

Michel Foucault: a Inquietude da História
Mathieu Potte-Bonneville

O Sexo do Mestre
Jean Allouch

Psicoterapia-Psicanálise-Didática 1 – debates
Analyse Freudienne Presse

Psicoterapia-Psicanálise-Didática 2 – escritos
Analyse Freudienne Presse

Impresso por:

Edil
Artes Gráficas

Tel/Fax: (21) 2159 7979
E-mail: edil@edil.com.br